北京对外交流与外事管理研究基地丛书

变革中的世界与
新时代公共外交能力建设

The Changing World and the Capacity Building of Public Diplomacy in the New Era

主 编◎陈雪飞　　副主编◎熊 炜／欧 亚

时事出版社
北京

图书在版编目（CIP）数据

变革中的世界与新时代公共外交能力建设/陈雪飞主编.—北京：时事出版社，2019.6
ISBN 978-7-5195-0305-5

Ⅰ.①变… Ⅱ.①陈… Ⅲ.①外交理论—研究 Ⅳ.①D80

中国版本图书馆 CIP 数据核字（2019）第 054106 号

出版发行：	时事出版社
地　　址：	北京市海淀区万寿寺甲2号
邮　　编：	100081
发行热线：	(010) 88547590　88547591
读者服务部：	(010) 88547595
传　　真：	(010) 88547592
电子邮箱：	shishichubanshe@sina.com
网　　址：	www.shishishe.com
印　　刷：	北京旺都印务有限公司

开本：787×1092　1/16　印张：12　字数：195 千字
2019 年 6 月第 1 版　2019 年 6 月第 1 次印刷
定价：85.00 元
（如有印装质量问题，请与本社发行部联系调换）

北京市哲学社会科学规划办公室
北京市教育委员会 资助出版

编者序

习近平主席在接见 2017 年度驻外使节工作会议与会使节时发表重要讲话指出，应大力加强我国的公共外交能力建设。公共外交能力是国家外交能力的重要组成部分，然而学界至今对公共外交能力的内涵与外延尚未有深入研讨。为了更好地促进中国公共外交领域的学术研究，外交学院公共外交研究中心、北京对外交流与外事管理研究基地和上海国际问题研究院于 2018 年 6 月 30 日合作召开了外交学院第四届公共外交论坛暨"公共外交能力建设"学术研讨会。会上，来自全国各地的近二十位专家学者围绕"中国公共外交机构统筹能力建设""公共外交人才的理论素养"以及"公共外交人才的实践能力"三个专题展开了热烈的研讨。本文集主要基于此次会议发言整理而成，并增录多篇富有真知灼见的文章。

外交学院公共外交研究中心成立于 2010 年 1 月，是在公共外交领域集科研、培训和教学为一体的综合实体。公共外交论坛是研究中心的品牌活动之一，迄今已成功举办四届，前三届分别为：2014 年首届论坛暨"公共外交地（地方公共外交协会）校（高校公共外交研究中心）"论坛、2016 年第二届论坛暨"大数据时代的公共外交与中国软实力建设"研讨会和 2017 年第三届论坛暨"媒体外交与中国影响力建构"国际研讨会。

论坛致力于在一线实务工作者与学术研究者之间搭建桥梁，为公共外交学术和实务领域的交流提供平台，从而服务于国家的总体外交。

感谢各位专家学者对外交学院公共外交论坛的持续支持，期待继续与大家一起为国家的外交事业贡献智慧。

陈雪飞

2018 年 12 月 18 日于北京

目录 Contents

上篇 公共外交的机构统筹

第一章
公共外交需要多方协同 \ 赵启正

一、政府部门要不断提升"战略沟通"的能力 …… 004
二、公众需不断提升公共外交的意识与能力 …… 005
三、高校应义不容辞地承担起公共外交及其培训任务 …… 007

第二章
软实力战略视角下中国公共外交体系的构建 \ 檀有志

一、内在关联：软实力理念与公共外交实践 …… 010
二、外在反差：丰富的软实力资源与弱势的公共外交能力 …… 014
三、联动构建：软实力战略视角下打造中国的公共外交体系 …… 018

第三章
民间外交的内涵与特征
——基于中华人民共和国成立之初的基本经验的考察 \ 张胜军

一、从"人民外交"到"民间外交"…… 024
二、民间外交的内涵和定义 …… 025
三、民间外交与公共外交的区别与联系 …… 028

第四章
民间外交主体参与全球治理的演进　　\　于宏源

一、民间外交主体在全球治理中的角色 …… 033
二、民间外交主体与全球治理的共同演进 …… 035
三、民间外交主体和中国参与全球治理的共同演进 …… 038

第五章
中国国际志愿者选派工作的挑战与对策　　\　刘金芝

一、北京市志愿服务联合会国际志愿者选派概述 …… 046
二、国际志愿者选派工作遇到的问题 …… 048
三、进一步做好国际志愿者选派工作的建议 …… 049

中篇　公共外交的理论素养

第六章
"讲好中国故事"与新时代公共外交　　\　李新玉

一、"讲好中国故事"是新时代公共外交的重要使命 …… 054
二、新时代"讲好中国故事"的传播学理论与实践 …… 056
三、正视现有问题是新时代"讲好中国故事"的首要自觉 …… 061

第七章
公共外交能力建设的目标与挑战　　\　熊　炜

一、公共外交的目标 …… 065

二、塑造国际权威 …… 067

三、公共外交行为体的合法性 …… 069

四、新型外交公共空间 …… 070

第八章
公共外交人员的理论素养和文化自信 \ 张志洲

一、公共外交人员应具备哪些理论素养 …… 075

二、中国文化自信的矛盾性 …… 077

三、中国为何可以在文化上自信 …… 078

第九章
关于跨文化传播能力建设的反思 \ 云国强

一、如何处理中国价值与"西方普世价值"的张力 …… 082

二、如何将我们的话语体系与世界人民的期待联系起来 …… 084

三、如何想象和建构网络与社交媒体环境下的跨文化传播
系统与实践 …… 086

第十章
正本清源，赋能公共外交 \ 毕研韬

一、公共外交概念辨析 …… 090

二、公共外交的使命 …… 091

三、公共外交的实施路径 …… 092

四、创新公共外交运行机制 …… 093

[第十一章
  公共外交话语能力的内涵
　　——对公共外交语言能力的新认识　　\　张延君

　　一、语言与国家战略 …… 097
　　二、从语言能力到话语能力的"话语"转向 …… 098
　　三、公共外交话语能力的内涵与构成 …… 099
　　四、对中国公共外交话语能力建设的思考 …… 103

[第十二章
  讲中国故事要有受众意识　　\　陈雪飞

　　一、满足本土化的需求 …… 106
　　二、提供便捷的渠道 …… 108
　　三、减少文化折扣 …… 109

下篇　公共外交的实践能力

[第十三章
  体育公共外交人才的实践能力培养　　\　周庆杰

　　一、体育公共外交人才的实践能力培养现状 …… 116
　　二、体育公共外交既要懂理论，又要重视实践 …… 119
　　三、体育公共外交发展对策 …… 120

[第十四章
  公共外交视角下的高校学生培养　　\　赵罗希

　　一、不能把"多元、尊重"视为应对矛盾的灵药 …… 123

二、不能将中国发展的成功盲目异化为自大虚妄 …… 124

三、不能把政治化、娱乐化的话语内化为公共外交的
话语体系 …… 125

四、不能简单认为让外国人感知中国就能减少误解 …… 127

第十五章
新公共外交中的公私合作项目管理能力
——以中国社会智库为例　\　郦　莉　陈雪飞
伊丽莎白·C. 汉森

一、新公共外交为何要强调公私合作 …… 132

二、公共外交中的公私合作：三个案例 …… 135

三、公私合作项目管理能力的构成要素 …… 138

第十六章
新媒体时代政府公共外交能力的提升路径探析
　\　任远喆　王华迪

一、新媒体时代公共外交的转型 …… 144

二、新媒体时代公共外交能力的主要体现 …… 146

三、新媒体时代美国公共外交的实践及启示 …… 147

第十七章
呈现与影响：中国驻欧盟使团的社交媒体公共外交
效果初析　\　陆佳怡　董颖慧　张子晗

一、中国外交部驻外机构利用国外社交媒体概况 …… 154

二、中国驻欧盟使团在国外社交媒体上的内容呈现 …… 155

三、认知、态度与行为：中国驻欧盟使团的社交媒体

公共外交效果初析 …… 162
四、讨论与结论 …… 167

第十八章
公共外交效果评估能力建设　　\　陈雪飞

一、公共外交效果评估的必要性 …… 171
二、公共外交效果评估面临的挑战 …… 174
三、如何对公共外交效果进行评估 …… 177

上 篇

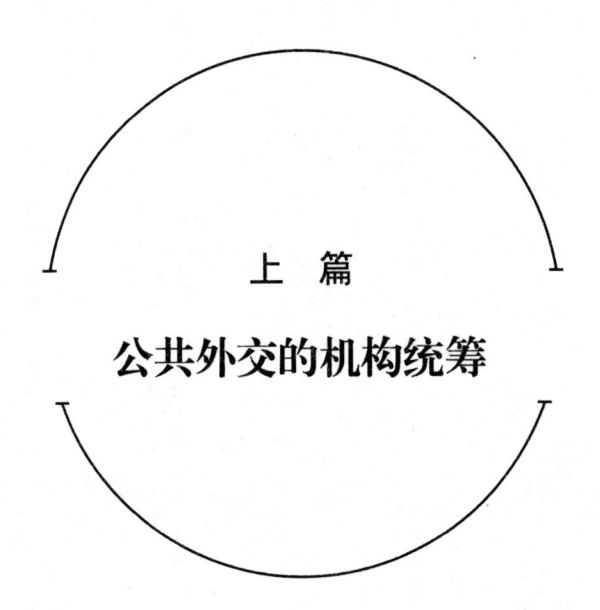

公共外交的机构统筹

第一章 公共外交需要多方协同

赵启正[*]

[**本章导读**] 中国的公共外交今天正在面临新的挑战，它需要我们从整体上提升政府和公众在实践中的有效协同，如此才能达到更好的效果。就政府承担的公共外交而言，需要进一步做好各责任机构的战略统筹；就社会机构和公众来说，需要更深刻地理解国际形势和国家政策，提升"四个自信"和熟悉自己领域内的国外事态。而高校作为特殊的公共外交承担者，除了做好与教育、科研和智库密切相关的公共外交实践外，还在培训社会各界的公共外交能力方面负有义不容辞的责任。

公共外交活动是文化软实力表达的舞台，是对外"讲好中国故事"的渠道，其领域十分宽广，内容十分丰富。凡是与外国公众交流的各种活动，都有公共外交的属性，参与活动的人士在其中或说明自己熟悉的国家某方面的现状、国家的政策，或对外方不解之处解疑释惑。和通常的"对外宣传不同"，在面对面的活动中，不但要说，还要听，通过对话而知己知彼，从而提升交流的有效性。

当前中美关系急转直下，而美国的公共外交又出新招：特朗普以推特（Twitter）的形式对外国公众直接发动公共外交，宣传自己的主张，甚至离间对方的政府和公众；副总统彭斯在公开讲话中无中生有地造谣

---

[*] 赵启正，原国务院新闻办公室主任、中国人民政治协商会议外事委员会主任；中国共产党十六届中央委员会委员，现任中国人民大学新闻学院院长、博士生导师。

中国干涉美国的内政和选举。2017年12月，白宫前首席战略师史蒂夫·班农在日本演讲时还公开发表遏制中国的所谓"中国威胁"的言论，这就是在混淆舆论，是对我们的新挑战。为应对这一挑战，我们需要从整体上提高自身的战略沟通和统筹协调能力，进一步发挥公共外交的威力。

公共外交是指由政府主导的，政府和公众（包括社会组织、企业、媒体和个人等）从各自角度出发，向外国公众表达本国国情、说明本国政策、回答针对本国的问题以及同时了解对方情况和观点的国际交流活动。其目的是增进相互理解，传播本国形象，改善外国公众对本国态度，形成更为友好的国际舆论环境，进而影响外国政府对本国的政策。所以，政府和公众都是公共外交的承担者。其中，政府部门，包括外交、外宣、外贸、文化、新闻出版、广播影视等方方面面的主管机构，担负着与国际社会密切沟通、向世界说明中国的使命。而政府部门之外的媒体（包括网络机构）、民主党派、大学、企业、文化团体、教会、社会精英以及一般公众（出国旅游者是其中理所当然的部分）也在参与广泛的公共外交实践。二者的职责各有侧重，只有分工合作才能发挥最大的正能量。

在公共外交的行为主体中，政府要发挥主导作用，其主要表现为评估国际总形势，判断外国对我战略的变化，确定国家的内外政策，并运用多种形式对社会组织和公众进行经常性的"国际形势教育"。比如，中国外交部、国务院新闻办、全国人民代表大会所组织的经常性新闻发布会对内有沟通公众、保障监督、争取理解、获取支持的职责；对外有沟通世界、说明中国、解疑释惑、增强影响的使命。而各类智库、重要的人民团体、社会组织对与自己领域相关的事情若能够"内知国情，外知世界"，方可在公共外交实践中取得更好的效果。如何更好地促成政府与公众之间的协作呢？可着重从以下三个方面入手。

一、政府部门要不断提升"战略沟通"的能力

目前，中国政府的众多部门承担的公共外交活动内容丰富、形式多

样，但近一步加强主要部门之间实时的"战略沟通"（Strategic Communication）仍是非常必要的。

"战略"一词有多种含义，单就国际问题来说，战略是维护本国最高利益的外交原则和长期政策。战略就得有长期性、合理性、指导性。"沟通"就是交流、对话之意。简而言之，"战略沟通"是为国家战略利益和战略目标进行的传播和接触活动，它强调言行的一致性和传播的一致性，是必须精心设计的活动。如果战略沟通不够充分，就可能产生疏失，甚至对国家利益造成损害。比如2009—2012年希腊债务危机时期，其政府内部没有清晰的关于对待欧元和欧盟的战略，因为政府各部门之间缺乏一致的步骤，本国内部没有战略沟通，当然也就无法与欧盟几个主要机构进行战略沟通，更无法对民间进行良性的舆论引导，所以其向世界表达的是对欧盟和欧元若即若离的混乱信号，甚至给国际社会留下这个民族只顾享受福利而不顾国家信用的印象。

政府各部门不仅要有进行战略沟通的意识，而且要针对其他从事公共外交的机构、组织或个人做与时俱进的沟通和传播。政府与本国公众关于国情和政策进行经常性沟通是扩大本国公共外交力量，提升公共外交质量必不可少的基础。社会机构和公众，尤其是有机会参与国际交往的社会机构和公众，只有充分了解国际形势和本国的国情、外交政策，才能在公共外交活动中发挥积极作用。

二、公众需不断提升公共外交的意识与能力

公共外交发展到今天，已经不再是政府机构的"单打独斗"，愈加成为公众尤其是国际活动家的使命。这里的公众正如前文所言，并非指单个的人，还包括大学、企业、智库、非政府组织以及人民大众——既有精英群体，也有普通群众。

在欧美，最初的公共外交就是一国政府对外国公众进行的宣传活动，后来发展出更多形式，如由政府支持的学者交流计划和本国语言的

推广项目等。随着经济全球化、国际政治多极化趋势与公众切身利益的关联性更为密切，当代公众对国际事务和本国声誉的关注度在不断提高。而以互联网为基础的新媒体赋予了公众参与外交事务的广泛发言权，他们的话语影响力空前增加，当代公众不再只是外国公共外交的"受众"，也成为积极参与公共外交的"主体"。一国公众不仅可以和他国公众直接交流，而且有机会和他国的政府成员交流（如通过网络和论坛等）。这使得公共外交呈现出新的面貌，其内容和方式更加丰富，公众承担的公共外交和政府承担的公共外交形成相辅相成的互补态势。因此，不断提升公众的公共外交意识和能力变得愈加紧迫。

对广大公众而言，"向世界说明中国"就是向世界讲好中国故事。公共外交是向世界说明中国和向世界讲好中国故事的舞台和渠道。公众参与好公共外交的动力在于执着的爱国主义，爱国主义在于坚定的道路自信、理论自信、制度自信、文化自信。正如习总书记所说的，"我们有本事做好中国的事情，还没有本事讲好中国的故事？我们应该有这个信心！"这句话言简意赅，告诉我们讲好中国故事极为重要，点明了我们讲不好中国故事是因为缺乏自信。从文化的角度来说，讲好中国故事要以中国的"和"文化为魂，以"和"为魂的民族是没有侵略性的，是不威胁他国的；就形式而言，最为重要的是面对面的对话活动，各国公众之间讲自己的故事是一种平等的对话，任何一方都不可居高临下，把自己的价值观强加给对方。我们所讲的中国故事就是我们身边的故事，那些凌空拔高的叙事感动不了自己，也感动不了别人。

当然，广播、电视、网络、图书、报刊、电影、音乐、戏剧、绘画等都是文化的载体。不过最关键的还是人的文化素养，文化与人如影随形，人到了哪里，文化就到了哪里，所以需要强调人外在行为的文明性，以期让更多人喜欢上中国人，从而喜欢上中国文化，进而喜欢上中国。

三、高校应义不容辞地承担起
公共外交及其培训任务

高校作为中外文化交往、理论对话和价值传播的重要平台，是中外人文交流的前沿重地，也是公共外交的核心智库。在公共外交主体多元化的今天，高校理应成为推动其发展的重要主体之一。但高校在一定程度上又有别于其他的"公众"主体，因为高校既是"实践者"，又是"教育家"。

2010 年，中国发布的《国家中长期教育改革和发展规划纲要（2010—2020）》提出，争取到 2020 年使中国成为亚洲最大的留学目的地国，当年外国留学生数量就达到 50 万。2017 年共有来自 204 个国家和地区的各类外国留学人员在全国 31 个省、市、自治区、直辖市的 935 所高等院校学习，其中硕士和博士研究生共计约 7.58 万人，比 2016 年增加 18.62%，中国已成为亚洲最大的留学目的地国。目前，随着"一带一路"沿线项目的不断推进，沿线国家来华留学的国际学生数量也在持续增长。可以预见，在华外国留学生的人数在未来必将保持快速上升的态势。而他们都将是中国高校开展公共外交的直接对象。他们通过接受中国的教育、接触中国人、体验中国生活来认识中国、了解中国、理解中国。此外，高校承担的各种交流项目，举办的各种国际会议、国际论坛以及作为智库参与的"二轨外交"等，都是高校积极实践公共外交的重要形式。

同时，随着中国逐渐融入世界，越来越多的中国公民以各种形式参与到国际交往当中，任何有机会进行跨国交往的机构或个人都是中国故事的讲述者，都在有意或无意地实践着公共外交。比如，当前中国有超过 40 万人在外留学，分布在全球 100 多个国家的各类大学，他们是世界了解当代中国的鲜活"样本"，成为外国认识中国的"个人窗口"。再比如，现在中国每年出境旅游已经超过 1 亿人次，每个人都可谓是中国的"一张名片"……在这样的背景下，公共外交人才的培养和储备就变得尤为重要。而高校正是向社会输送高素质人才，为公共外交知识在全社会的普及提供服务的重要力量。高校需要以各种方式系统地提高在校大学生的公共外交素养，包括他们的公共外交意识、公共外交能力等。国外的先进经验告诉我们，作为一门实用性极强的新兴学科，公共外交需要多学科的联合研究。这种跨学科配置充分发挥了高校的特色优势，也保障了科研成果的创新性、科学性、实用性。在公共外交的联合研究方面，中国高校还有很大空间值得挖掘。当前，中国众多高校拥有国际政治、国际关系、国际新闻、跨文化传播、对外汉语教学、涉外旅游、国际公共关系等专业或研究方向，它们与公共外交密切相关，一旦能够有机整合，则可成为公共外交理论研究的优质资源。

公共外交的领域十分宽广，推广公共外交要分工合作，各有侧重。政府部门要做好战略统筹；高校要加强公共外交人才的培养和学术研究，这是高校力所能及和义不容辞的责任；地方和城市的公共外交要请各地的公共外交协会合力承担；而企业要沿着"一带一路"走出去，中国企业家要发挥公共外交的作用，这不仅有利于企业，也有利于国家。

当前，中外交往日益频繁，外国人不但通过各种媒介，而且通过他们所见到的一个个中国人来了解中国，所以每个中国人都是世界阅读"中国读本"的一页。政府和公共外交组织有必要在出国投资的企业家、留学生、出国的游客中普及"公共外交，人人有责"的公共外交意识。

第二章 软实力战略视角下中国公共外交体系的构建[*]

檀有志[**]

[**本章导读**] 公共外交作为一种新的外交形式,近年来在国际关系舞台上扮演着日益活跃且越发重要的角色,并在一定程度上折射出一个国家的软实力。中国拥有无比丰富的软实力资源,但公共外交能力有待进一步加强。当前,中国正处于综合国力稳步攀升、国际地位更显突出的机遇期与敏感期,这更加凸显了大力开展公共外交的必要性。从软实力的战略视角出发,加紧发掘中国的软实力资源,联动构建一个比较完备的中国公共外交体系必须尽快提上日程。

随着全球化浪潮的席卷与信息技术的突飞猛进,此前以政府间外交为主导的传统外交模式已经不能完全满足各种新形势发展的要求,公共外交(Public Diplomacy)作为一种新的外交形式应运而生,日渐在波诡云谲的国际关系舞台上崭露头角。公共外交折射出的主要是一个国家的软实力,已成为世界各国用来提升国家形象、增进国家利益的一件利器。

---

[*] 本文首发于《太平洋学报》2011年第19卷,第3期。本文略做修订。

[**] 檀有志,法学博士,对外经济贸易大学国际关系学院教授,国际政治经济学系主任兼外交学系主任。主要研究方向:公共外交、网络治理、国际政治经济关系。

近年来，经济的高速稳定增长使得中国的综合国力日益增强、国际影响力不断扩大，这既是硬实力不断提升的过程，也是软实力逐步累积的过程。但同时我们也要清醒地意识到，尽管中国拥有无比丰富的软实力资源，但当前中国的公共外交体系仍不完备且亟待加强，这对于中华民族的伟大复兴尤为重要。有鉴于此，本章拟紧扣软实力与公共外交二者之间的内在联系，以软实力提升这一战略视角为切入口，从学理上探究中国公共外交体系的构建，更有效地实现、维护与拓展中国的国家利益。

一、内在关联：软实力理念与公共外交实践

（一）软实力理念

早在 1990 年，美国著名国际关系学者约瑟夫·奈在《外交政策》杂志上发表了"软实力"（Soft Power）一文，明确提出了这一理念。[①] 此后，软实力一词就频频见诸国际国内各种刊头报端，引起国际学术界乃至许多国家政府的高度关注。尽管各方在关于软实力的基本界定、主要内涵以及软硬实力之间的关系等一系列问题上尚存不小的争议或不同的见解，但这一概念正越来越为人们所接受并运用，正如有学者所指出的，软实力俨然是"全球化时代游荡在世界各个角落的一个幽灵"。[②]

软实力是相对于国家经济、科技与军事等硬实力（Hard Power）而言的，指的是"一国通过自身的吸引力而不是强制力在国际事务中趋向于目标的能力"。换言之，软实力指的是那种能够影响他国意愿的无形力量，这既包括价值观念、生活方式和社会制度的强大吸引力和感召力，也包括建立在此基础上的广泛同化力与规制力。在约瑟夫·奈看来，软实力的构成主要体现在以下几个方面："第一，文化（Culture）的吸引力；第二，意识形态（Ideology）和思想观念（Ide-

---

[①] Joseph S. Nye, Jr., "Soft Power", *Foreign Policy*, No. 80 (Autumn, 1990), pp. 153–171.
[②] 张晓慧："'软实力'论"，《国际资料信息》2004 年第 3 期，第 25 页。

as）的感召力；第三，制定国际规则（International Norms）和建立国际机制（International Institutions）的能力；第四，恰当的外交政策（Foreign Policy）。"① 文化吸引力、制度感召力、国际参与力与外交协调力这几道不同领域的力量聚集到一起，就能在一个相当大的程度上形塑出他国公众对该国特征及属性的总体感知与投射——国家形象，软实力理念的能动效用由此可见一斑。

软实力理念既是传统国际关系理论的一种延伸，也是后冷战时代，特别是冷战结束以来国家间力量对比出现深刻变化的一种产物。在传统的国际政治舞台上，强权即公理，硬实力在绝大部分时间里扮演着主要角色。② 而随着冷战的谢幕，国际政治多极化与世界经济全球化这两股时代潮流交互作用、相辅相成，综合国力的较量日趋激烈。一国的综合实力由硬实力和软实力构成，软实力不仅可以与硬实力互相补充、相互加强（如在某些情况下可以用来证明硬实力使用的合理性），而且还可以单独发挥自己的独特作用（如在冷战后期极力诱导敌对阵营国家的内部变革）。对此，著名学者阎学通教授就曾提出，软、硬"两种实力的关系不是和而是积。因此，当一国软实力全部丧失时，无论一国的硬实力有多大，其综合实力都等于零……国家生存、国家发展以及国家崛起都离不开软实力的支撑。当一国软实力丧失或被严重削弱，无论多么强大的经济实力都挽救不了这个国家衰败的命运"。③ 作为综合国力的一个重要组成部分，软实力的分量在日趋白热化的国际竞争中越发凸显，其所带来的影响与受到的关注亦随之呈水涨船高之势。正是从这些意义上说，约瑟夫·奈所提出的软实力理念具有相当强的工具性，它既为各国决策者提供了一个很重要的外交政策工具，也为国际学术界提供了一个有意义的国力分析工具。

---

① 邓显超："提升中国软实力路径"，《理论与现代化》2006年第1期，第16页。
② 罗会钧："论构建中国软实力的外交战略"，《湘潭大学学报（哲学社会科学版）》2008年第32卷，第5期，第91页。
③ 阎学通："从和谐世界看中国软实力"，《环球时报》2005年12月16日，第11版。

（二）公共外交实践

软实力主要展现的是一国对外国公众的吸引力，而将这种软实力理念外化成具体项目付诸实施最为有效的一大路径就是公共外交。公共外交的勃兴发展离不开时代的大背景以及其他一系列因素的推动：随着全球化进程的不断深入，国家间的相互依赖日渐加深；通信技术迅猛发展，国家失去了此前对信息的垄断权；一般公众对国家政治生活的参与程度越来越深，在国家对外政策制定过程中的影响力显著增强。

作为一种实践层面上的外交形式，公共外交的雏形可以说古来有之，如某个诸侯国对其他诸侯国的民众施以小恩小惠意图博得利于自身的人心向背。然而，公共外交作为一种理论层面上的学理阐释则始于第二次世界大战结束之后，其研究主要集中在美国。尽管世界上不少国家很早就从事了公共外交的相关实践，但通常认为，公共外交作为国际关系领域中一个有特定含义的专业术语，其首倡者是美国塔夫茨大学弗莱彻法律与外交学院院长埃德蒙德·古里恩教授。古里恩在1965年该院成立爱德华·默罗公共外交研究中心（the Edward R. Murrow Center for Public Diplomacy）时，将之定义为："公共外交旨在通过引导公众的态度来对政府外交政策的制定与实施产生影响。它包括了超越传统外交的诸多国际关系领域……公共外交的核心是资讯（Information）和理念（Idea）的跨国界流动。"[①] 从中可以看出，古里恩对公共外交的界定还相当宽泛，但他特别强调了公共外交中"资讯"与"理念"这两个层面交流的重要性，展现了他在这一领域的远见。

公共外交主张通过"资讯"与"理念"的双向互动，努力建构本国在外国公众中的良好形象（Image），进而让外国公众乐于接受本国所希望传递的信息（Message）。从公共外交与软实力二者的内在关联来看，公共外交在本质上所折射出的主要理论特质正是软实力。不

[①] 参见爱德华·默罗公共外交研究中心主页："What is Public Diplomacy?"，http://fletcher.tufts.edu/murrow/public-diplomacy.html（2009-09-09）。

仅如此,随着软实力理念得到越来越广泛的认同与拓展,公共外交还常被视为彰显软实力能动作用的一条行之有效且持久高效的路径。一国通过公共外交运作过程中的沟通和交流,能够向外国公众传递关于本国的正确讯息、宣传该国的外交政策、传播该国的核心观念等,积极引导外国公众舆论、形塑正面的国际形象,可以全方位展示并更有效提升实施国的软实力,有利于创造、维持和增进实施国的国际话语权,进而左右其他国家的政府意志与政策行为,最终实现其自身的外交战略意图和国家战略利益。公共外交所体现的这种软实力理论特质,使得其在追求、实现和维护国家利益方面较之于传统外交更具独特的优势。以公共外交大国美国为例,它常常通过公共外交向外国公众极力展示其强大的软实力,意欲使他们好美国之所好、恶美国之所恶,期冀收到比采取军事或经济行动成本低得多、收益高得多的效果。对此,著名学者伦纳德·萨斯曼曾以冷战期间美国对苏东地区的公共外交为个案,指出,"文化交流和紧随其后的政治演变经过多年的时间在这些社会中发挥出它们的作用。……与苏联之间的学者交流中最少被提及和重视的一个方面就是,苏联学者在美国学习和研究以后对他们的社会所产生的影响。一位非常知名的访问学者亚历山大·雅克夫列夫无疑对推动米哈伊尔·戈尔巴乔夫的改革与公开化思想和苏联采取更为宽松的外交政策产生了重大的影响"。[1] 因此,运用公共外交这一有力武器,实施国不仅可以向外国公众充分展示其强大国家实力中"硬"的一面,而且可以使他国的精英阶层、普通公众在潜移默化中理解与认同其社会文化价值观念等"软"的一面。

---

[1] Leonard R. Sussman, *The Culture of Freedom: The Small World of Fulbright Scholars*, Maryland: Rowman & Littlefield Publishers, 1992, p. 80.

二、外在反差：丰富的软实力资源与弱势的公共外交能力

（一）无与伦比的软实力资源

尽管当前中国的软实力相对于硬实力而言还显得较为薄弱且不够直观，但中国是一个有着极为悠久历史传承的文明古国和文化大国，因而其蕴藏无比丰富的、能够催生软实力的潜在资源，只要加以科学规划和合理发掘，这些富足的软实力矿藏就能在提升中国的软实力方面迸发出巨大的能量，并发挥出巨大的作用。

首先，悠久的历史文化的吸引力。数千年的中华文明从不曾中断而绵延至今，这在世界文化史上可谓别具一格。不仅如此，古代中国还凭借其强大的政治、经济、文化实力影响到中国的周边地区，客观上形成一个以中国为中心、辐射亚洲过半数国家的"中华文明圈"。中华传统文明中所积极倡导的"兼爱""非攻""和为贵""和而不同""己所不欲，勿施于人"等思想有别于西方国家所大肆宣扬的"实力至上""以暴制暴""丛林法则"等霸权思维。两相对比之下，"中国文化的精髓就是崇尚大道，追求和谐"，在这些方面，"中华文明远比其他文明突出、鲜明"。[①] 这些充满睿智哲学思想的理念连同中国的功夫、书法、绘画、京剧、中医药以及传统服饰等共同形成广义上的"中国文化"，这无疑对中国之外的国家产生了极大的吸引力。正如一位英国学者所指出的："文化是软实力的一个重要源泉，中国在扩大文化影响力方面有着无与伦比的优势。几千年来，中国的耀眼光芒吸引着商人、使节、学者和教徒纷纷前来寻求财富、权力、教诲和灵感。"[②] 这诸多方面极为丰厚的文化积淀，为中国开展对外交往、扩大对外影响及塑造国家形象

[①] 李峤："崇道传统与和谐文化"，《人民日报》2007年7月12日，第9版。
[②] 贝茨·吉尔、黄岩钟："中国软实力资源越来越丰富"，《参考消息》2006年11月1日，第16版。

创设了十分有利的施展空间。

其次，独特的"中国模式"的感召力。自20世纪70年代末实行改革开放以来，中国面貌随之焕然一新，且自此迈上了日新月异的发展轨道。中国经济年均9%以上的高速增长及综合国力的稳步攀升令世界为之瞩目，并引发了国际社会对于"中国模式"的高度关注。2004年5月7日，英国的《金融时报》刊登了美国学者乔舒亚·拉莫的《中国已发现了自己的经济共识》一文。文中指出，由于中国的经济崛起和快速发展，中国模式（即"北京共识"）越来越吸引发展中国家，并使得美国模式（即"华盛顿共识"）逐渐失去了吸引力。[1]"中国模式"被国际社会广泛认为给许多国家呈现了一种全新的发展思路，它既没有像"依附理论"主张的那样完全脱离当前国际政治经济秩序的偏执，也没有像"现代化理论"主张的那样采取全盘西化的激进，而是主张最大限度地结合本国的基本国情，明智地采用一种稳健推进的渐进式路径逐步铺开。联合国前秘书长科菲·安南就曾在接受记者采访时明确指出，中国依靠独特的模式实现发展的有益经验值得其他国家尤其是发展中国家借鉴，这一表述更是让"中国模式"成为"全球发展中国家转型模版市场上的热销品"。[2] 中国大胆探索的这一发展路径不仅适合于中国这一发展中的大国自身，也为正在奋力谋求经济增长和改善人民生活的广大发展中国家起到很好的带头示范作用，这种无形的感召力是广泛而深远的。

最后，负责的外交政策的公信力。从软实力的实际影响来看，如果一国的外交政策被其他国家视为具有合法性及道德威信时，它就能赢得高度的公信力，进而塑造良好的国家形象。多年以来，中国秉持独立自主的和平外交政策，积极参与地区经济、安全合作，勇于承担力所能及的大国责任和国际义务，力求为国际社会提供更多更好的公共物品。1997年亚洲金融危机爆发后，在本国外汇储备并不十分充裕

---

[1] 国林霞："中国软实力现状分析"，《当代世界》2007年第3期，第38页。
[2] 尹学朋、陈兴丽："论中国软实力资源的整合与开发"，《东南亚纵横》2008年第6期，第80页。

的情况下，中国不仅尽力维持住人民币币值的稳定，还向泰国等东南亚国家提供了高额的经济援助。中国在危机最为深重之际的外交义举，赢得了国际社会的高度赞誉，有力地捍卫了中国作为负责任的国际社会一分子的声誉。同样在2008年爆发的国际金融危机中，中国携手世界共克时艰的坚定信心与中流砥柱作用再次展现得淋漓尽致，诸如此类，不一而足。中国正以当前国际政治经济秩序的参与者、合作者、建设者的多重身份，积极负责地参与国际和地区事务，其外交政策的公信力更趋走高，国际话语权不断增强。

（二）亟待加强的公共外交能力

一方面，学理研究层面的滞后。尽管中国历史上就有很多近似于公共外交的思想萌芽，但中国对于公共外交的研究起步仍相对较晚，始于20世纪80年代后期。1988年，中国社会科学院的资中筠研究员首次撰文引介了公共外交这一概念。[1] 2000年，南开大学的韩召颖博士所著的《输出美国：美国新闻署与美国公众外交》一书是国内第一部关于公共外交的学术专著。[2] "9·11"事件发生后，美国政界、学界均对其公共外交政策进行了深刻反思及重新审视，在这一大背景之下，中国对公共外交的研究也进入一个相对繁荣的时期，从2003年开始较为集中地出现一批这方面的研究成果。在继续关注美欧等发达国家公共外交的同时，一些学者也开始对中国公共外交的建设进行一些初步的探索。[3] 不过从研究的总体状况来看，宏观概说多于微观分析，对中国公共外交体系建构的宏观布局与微观操作等大多是少有涉足或语焉不详。相较于西方国家，中国的公共外交研究目前尚处于学习、认识与借鉴、引进阶段。

---

[1] 资中筠："略论美国战后外交的若干特点"，《美国研究》1988年第1期，第13—14页。

[2] 韩召颖：《输出美国：美国新闻署与美国公众外交》，天津人民出版社2000年版。

[3] 唐小松："中国公共外交的发展及其体系构建"，《现代国际关系》2006年第2期，第42—46页；钟龙彪、王俊："中国公共外交的演进：内容与形式"，《外交评论》2006年第3期，第64—69页；等等。

另一方面，实践操作层面的弱势。早在中华人民共和国成立之初，国家领导人便高度重视对外宣传在外交工作中的作用，1949年底即在新闻总署下设有国际新闻局，统一管理对外新闻传播工作，1955年毛泽东主席还在批示中指出，要"把地球管起来，让全世界都能听到我们的声音"。[①] 此后，中国政府先后成立了中央外事领导小组、国务院外办、中央对外宣传小组等对外宣传工作的领导及办事机构，对外广播、电视、报刊、杂志等也得到快步发展。冷战结束之后，中国的公共外交事业逐步与国际通行做法接轨，在较短时间内取得了较快进步：1991年，国务院新闻办公室成立，其主要职责是推动中国媒体向世界说明中国；1997年，中共中央宣传部发出通知，"宣传"一词的英译由propaganda改为publicity，这一词之"改"体现了中国公共外交理念的科学化、国际化，表明中国的公共外交实践已越发认同与接近现代公共外交理念；2004年，外交部成立了用以专门协调公共外交工作的公众外交处（后更名为"公共外交处"）；2009年底，外交部又在整合多种资源的基础上将公共外交处升格为公共外交办公室，负责协调中国的公共外交事务。然而，中国公共外交能力上的"短板"也相当明显，那就是潜力未能得到充分挖掘，尤其是在软实力资源的开发转化方面。中国拥有无与伦比的软实力资源，但金矿并不直接等于黄金，在将软实力资源转化成软实力这一环节上，丰富的软实力资源难以迅速有效地转化为强劲的软实力，更遑论将外国文化资源转化为中国的软实力。如《花木兰》《功夫熊猫》等中国特色题材，都已被其他国家先行一步转化成风靡一时的动画大片，反过来向中国输出其思想观念。在核心价值培育、媒体传播力、文化影响力、商业能力、品牌实力等许多方面，中国与一些发达国家相比还存在不小的差距，这是需要加以正视并审慎思考的。

此外，外媒的消极影响。某些西方发达国家还利用其强势的宣传工具对中国实施所谓"软打击"，通过渲染"中国威胁论""中

[①] 毛泽东：《毛泽东新闻工作文选》，新华出版社1983年版，第182页。

国崩溃论""中国经济殖民论"等各种言论有意曲解甚至无端指责、蓄意妖魔化中国的国家形象。全国政协外事委员会主任赵启正同志就曾提到，在美国主流媒体对中国的各种报道中，"按题目来说，负面的是一半，中性的是25%，有一点积极意义的占25%。如果按字数和文章长短算，90%以上是负面的，因为负面文章长，正面文章短"。① 这些经西方媒体"加工塑造"过的扭曲失真形象使一些不明就里的外国公众误以为这就是中国的实际形象，进而使中国成为被人诟病的靶标。诸如此类情形也要求中国必须大力开展公共外交，尽快塑造一个自信、务实、开放、负责的大国形象，以正本清源、拨乱反正。

三、联动构建：软实力战略视角下打造中国的公共外交体系

对于正积极谋求和平崛起、力求实现中华民族伟大复兴的中国而言，公共外交的作用不仅体现在国家利益的谋取上，更多地体现在国家形象的塑造上。争取外国公众对于本国实力增长后的信任和认同，这是后世博时代中国公共外交的重点所在。中国开展公共外交，要"以我为主、立足国情、兼收并蓄，借鉴吸收外国成功经验，探索有中国特色的有效的公共外交模式"。②

当前中国正处于一个十分紧要的战略发展机遇期，从国际层面看，当前中国正处于综合国力稳步攀升、国际地位更显突出的敏感期，要想在波诡云谲的国际舞台上始终占据一个较为有利的位置，进一步提升自身国际话语权与发挥国际影响力，就必须让世界人民真正认识和全面了解一个真实的中国。从国内层面看，中国正步入

---

① 赵启正："努力建设有利于我国的国际舆论环境"，《外交学院学报》2004年第1期，第4页。

② 裘援平："中国的和平发展与公共外交"，《国际问题研究》2010年第6期，第1页。

推进经济社会全面发展的现代化建设关键期,"现阶段我国正处于经济转轨和社会转型的过程中,政治经济改革已进入社会结构的全面分化时期,改革开放触及到深层次的体制性问题,社会制度系统(经济制度、政治制度、法律制度和家庭制度)都存在一定程度上的制度变迁,在社会发展序列上恰好对应着'非稳定状态'的频发阶段"。① 国际国内各种利益和权力将在不同的主体之间进行重新分配、转移,无比错综复杂的矛盾和危机会接踵而至,甚至有可能呈现"井喷"态势。中国所面临的复杂形势迫切要求公共外交能发挥更重要的作用,而这也就对中国公共外交能力提出了更多更高的要求。基于前文对软实力理念与公共外交实践之间的内在关联、软实力资源与公共外交能力之间的外在反差这两个层面的比较分析,笔者认为唯有从软实力的战略视角着眼,从下述层面着手,联动构建起一个较为完备的中国公共外交体系,才能充分调动中国所具有的无与伦比的软实力资源,实现在较短的时间内以较快的速度提升和壮大中国的公共外交能力,从而更好地实现、维护和拓展中国的国家利益。

第一,加强主体认知。在主体意识层面,应继续加强从官方到民间对于软实力和公共外交的积极能动效用的更加深刻的认知。软实力虽然身段很"软",但底色依然是"实力"。著名学者王逸舟指出,中国"硬实力的增长很快,尽管与一些西方大国仍有这样那样的差距,但弥补的时间是可期的;而软实力目前仍然薄弱,追赶起来可能更加困难、时间要更长"。② 既然意识到客观存在的差距,我们更当全力以赴、奋起直追。公共外交是对传统外交的一种有力补充和新式超越,能够发挥出积极能动效用,从而充分展示一国的软实力,有时能锦上添花,有时可曲径通幽。因此,在不过分夸大软实力、公共外交能动效用的同时,我们不能仅将其视作权宜之计或应景之作,而要将软实力提升、公共外交建设视为一种具有战略眼光的外交新思路,努力在他国培植于我有利

---

① 薛澜等:"防范与重构:从 SARS 事件看转型期中国的危机管理",《改革》2003 年第 3 期,第 11 页。
② 王逸舟:"中国外交的思考与前瞻",《国际经济评论》2008 年第 4 期,第 6 页。

的政治生态，既注重培养一般民众的双向互动、沟通交流意识，又侧重引导培育精英阶层的"观念市场"以形成"外溢效应"，最终达成国家形象的实质改善。

第二，加快机构建设。在机构建制层面，应当进一步大力完善中国公共外交的管理机制，可以考虑在必要的时候设立一个层次较高的专门机构来全面负责中国公共外交的运作实施。截至目前，"中国的公共外交主要由中国政府部门和政府直接领导的新闻媒体机构来开展，如国务院新闻办、中宣部、外交部、新华社、中央电视台、《人民日报》海外版、《中国日报》等，但是明显缺乏各单位之间的协调。在外交部内部也仅仅由新闻司下属的一个公共外交处来负责公共外交工作，力度显然不够"。[1] 现行的管理体制牵涉过多互不隶属的部门，协调起来难度较大且各种极为灵活高效的非政府组织、民间团体的作用未能得到充分发挥。随着未来中国在国际舞台上的角色愈来愈重要，致力于引导外国公众舆论的公共外交的频度与强度必将有增无减。尽管中国政府于2009年将之前的"公共外交处"升格为"公共外交办公室"已属可喜的进步，但这个下属于中国外交部新闻司的公共外交管理机构的层级尚显过低，其在牵涉整个中国公共外交事务上的决策力、领导力、协调力、沟通力、控制力以及执行力都有待进一步提升。正因如此，为了更加娴熟地开展和更加科学地管理中国公共外交事宜，有必要尽快构思一个中国公共外交的发展大战略，并在时机成熟的时候考虑设立像美国新闻署（USIA）那样高度独立自主的专门机构，统一协调组织全国的公共外交事务。

第三，加大转化力度。在具体操作层面，必须抓紧发掘中国无比丰富的软实力资源，加大力度将它们转化成强劲的软实力，进而通过公共外交予以展现。历经数千年历史文化积淀的中国，已有的与可供发掘的软实力资源都非常可观，必须通过有意识、有步骤的挖掘才能"吹尽黄沙始到金"，再加以转化并通过公共外交去彰显中国软实力之"不只是

---

[1] 苏淑民："公共外交与提升软权力"，《兰州学刊》2008年第2期，第26页。

吸引"。自 20 世纪 90 年代以来，中国政府开展了一系列具有重大国际影响的对外文化交流活动。2000 年 8 月底到 9 月底举办的"中国文化美国行"大型文化交流活动，一般被认为是中国政府对美展开公关与积极推销的首次大型尝试。"尽管这次尝试在很多技巧、手段上还不够成熟，但是它为中国政府公共外交开启了大门，也为我国国家形象的塑造打开了新思路。"[①] 自 2004 年 11 月 21 日全球第一所"孔子学院"在韩国首都首尔挂牌以来，中国已在世界近百个国家或地区设立了 500 多所"孔子学院"和"孔子课堂"，在全球范围内教授外国人学习以难学著称的汉语。这无疑是一种很好的尝试，但我们不能仅仅停留于在海外传播汉语这一较浅的层次，还需要不断谋求更深层次的拓展，并适时根据新的形势进行有针对性的调整。另外，近些年，中国又在法国、德国和俄罗斯等多个国家相继举办了形式多样、内容丰富的"中国文化年"活动，这对于全面展示与有效提升中国的软实力具有十分显著的功效。

此外，在双向互动的公共外交过程中，还要十分注重传播方式的"国际化"与"对象化"。中国的主流文化、意识形态等无疑是与中国的基本国情相适应的，但在向外界传播过程中却不同程度地存在公式化、概念化、粗糙化、说教化等弊端。如何以一种外国公众喜闻乐见的形式帮助他们较好地了解甚至更深地理解中国，这确实需要我们不断"开动脑筋"，有时甚至需要"更换脑筋"去认真思考，并适时根据新的形势进行有针对性的调整。无论采用哪种形式，"我们要更多地向世界传播中华文明的精髓、思想实质以及深刻内涵，让世界人民特别是与我们的文化渊源根本不同的西方人了解中华优秀文化的深邃和伟大，促进文明之间的相互交流及相互理解、尊重与学习，促使各个国家的人民都能发觉中华文明对于改造世界和构建国际新秩序以及和谐世界的巨大作用，创造一个和谐包容、多元的世界"。[②] 总之，在中国

[①] 邱凌：《解析软实力与公共关系的关系》，《现代传播》2009 年第 2 期，第 146 页。
[②] 张玲枣：《提升国家文化软实力的政府职能探析》，《管理观察》2009 年第 3 期，第 167 页。

开展公共外交的过程中,我们要根据国情的不同、对象的差别而采取相应适宜的软实力展现形式,力争激发出公共外交的最大效用,切实增进中国的国家利益。

第三章 民间外交的内涵与特征

——基于中华人民共和国成立之初的基本经验的考察[*]

张胜军[**]

[**本章导读**] 中国共产党人在我国外交实践中长期使用"人民外交"的提法。随着越来越多的国家与中国正式建立官方外交关系,政府间外交成为发展和推动国家间关系的主要形式,"民间外交"开始得到越来越普遍和广泛的使用,而"人民外交"及其意识形态色彩则在配合国家总体外交的理论探索和政策调整过程中逐渐淡化。本章基于中华人民共和国成立之初的外交实践,对"国民外交""人民外交""民间外交""公共外交"之间的区别和联系进行了梳理,厘清了"民间外交"的概念。

自古以来,"得民心者得天下"。深谙此理的中国共产党人将之创造性地运用到国际关系之中,广泛开展民间外交活动,为中华人民共和国的创建和发展开拓了广阔的外交天地,为增进中国人民与世界各国人民的友谊发挥了重要作用,谱写了中国民间外交"友好""和平"和"发展"的辉煌篇章。在当今新的时代背景下,民间外交具有更加重要

---

[*] 原文刊发于《当代世界》2017年第4期,本文略做修订。
[**] 张胜军,北京师范大学"一带一路"学院副院长、中国民间外交研究中心主任、教授、博士生导师。

和全面的意义。然而，民间外交迄今未形成一个得到公认的定义，民间外交与公共外交之间的边界和关系仍不清晰。本章拟以中华人民共和国成立之初的基本经验为考察，探讨民间外交的内涵和特征。

一、从"人民外交"到"民间外交"

从历史渊源上看，中华人民共和国成立之初的"人民外交"和"民间外交"与民国时期的"国民外交"的概念密切相关。中国两千多年的封建王朝中，没有国民或公民的概念。近代以来，随着以现代民族国家为基本单位的国际政治秩序在全球范围内确立，代表现代国家之人民权利的国民身份才开始在中国出现。梁启超十分看重"国民"的重要性，在他看来，只有有了"新国民"才能有"新国家"，他还说"凡一国之能立于世界，必有其国民独具之特质"。[①]"国民外交"一词最早出现于20世纪初，此后国民外交思想得到进一步发展，特别是在巴黎和会和华盛顿会议，以及此后的五卅运动和废除不平等条约运动期间，开展了非对抗性的外交运动、对抗性的外交运动及合作性的个人（或团体）外交活动等，使国民外交思想深入到普通国民之中。

中国共产党领导开展的"人民外交"在语意上继承了"国民外交"的某些成分，但又高于"国民外交"。这是因为"人民"一词具有特殊的政治意涵，体现的是人民当家做主的人民民主专政性质，所以"人民外交"一词从一开始就具有两层含义：第一，区别于只代表统治阶级或某一政治集团的利益并反映统治阶级或该政治集团主张的外交手段或活动，从根本上说代表人民利益的外交活动就是"人民外交",[②] 人民政府可以从代表人民的根本利益出发开展"人民外交"；第二，人民独自或自行组成人民团体开展灵活多样的"人民外交"活动。可见，与强

[①]《梁启超全集·新民说》第2册，北京出版社1999年版，第675页。
[②] 王玉贵："试论周恩来民间外交思想",《苏州大学学报（哲学社会科学版）》2007年第4期，第116页，见注释1。

调"外交本体实在国民","'民气'为外交之后盾"这种思想的"国民外交"不同,"人民外交"则突出了人民高于一切的主体性,其行为主体不容分割,是辩证统一的。

"民间外交"的正式提出是在 1972 年中日建交前后。[①] 随着越来越多的国家与中华人民共和国正式建立官方外交关系,政府间外交成为发展和推动国家间关系的主要形式,"民间外交"开始得到越来越普遍和广泛的使用,而"人民外交"及其意识形态色彩则在配合国家总体外交的理论探索和政策调整过程中逐渐淡化。然而,这并不意味着民间外交完全割裂了与人民外交的内在联系。正如曾任国务院副总理兼外交部部长的陈毅所指出的:"中国的人民外交,是通过政府外交和民间外交两种形式来实现的。这两种形式的密切结合和灵活运用,构成了我们人民外交的体系,成为我们对外工作的最大特色。"[②] 可见,中国的民间外交是在中华人民共和国外交局面打开后继承"人民外交"的新形式,只不过与政府的正式外交有了较为具体的分工,不再要求官方待遇且不具备交涉国家利益的正式外交授权。民间外交正是在该意义上成为国家整体外交的有机组成部分的。

二、民间外交的内涵和定义

长期以来,人们只是约定俗成地称呼民间外交,正式文件中缺少对此的权威界定,而且中国民间外交事实上是执政党中国共产党领导下的由人民团体和民间共同参与的对外活动,似乎不完全等同于普通语义上的"民间",所以由此引发了诸多关于民间外交定义的争议。

笔者查阅了不少国内学界关于民间外交的"定义",发现除了少数例外,多数"定义"是从三个维度来界定民间外交的。

[①] 李进军:"中国特色民间外交:认识与建议",《公共外交季刊》2013 年冬季号第 3 期(总第 16 期),第 2 页。

[②] 楚图南:"从事人民外交工作的回忆",中共中央党史研究室编:《中共党史资料》第 47 辑,中共党史出版社 1993 年版,第 94 页。

第一,从主体上而非性质上区分和强调民间外交的非官方性。有的"定义"为强调民间外交的非官方性,还明确列出不具有国家外交正式资格的法人组织或自然人,如非政府组织、跨国公司和个人等。从民间外交的主体来界定的主要原因是"民间"一词在语义上具有明确的非官方指向,特别是为了与国家间传统上已经高度仪式化和程式化的官方外交进行区分,这样的界定显然是有一定道理的。从民间外交的主体而非对象来加以界定的另一个原因是,民间外交的对象十分广泛,包括一切非本国的其他国家和地区的民众、官员、政府机构、社会团体以及国际组织和跨国非政府组织等。

第二,从国家的角度即从配合官方外交目标或维护国家利益上去界定民间外交。例如,有的"定义"就把民间外交界定为根据多方面的国家利益需要配合政府外交而进行的对外交往活动;还有的将其称为为了弥补本国官方外交行为的不足,在那些政府不愿做、不便做或者不能做的领域开展的对外交往活动。维护国家利益的提法或许有助于使民间外交更契合当下国际关系实践的现实主义取向,而且从早期民间外交的"以民促官""民间先行"实践来看,配合官方外交的目标更是顺理成章。

第三,为了与民间往来、交流相区分,强调从动机和客观效果上加以甄别。例如,有学者就认为民间外交是指具有明确外交目的的民间对外交往和交流活动,其不同于一般的人员往来和文化交流,而特指那些属于民间层次的外交活动,且与政府所从事的官方外交是相对应的,强调的是外交活动参与主体的非官方性质。还有学者强调,只有那些主观上具有服务国家利益或政府外交目标的,或者客观上产生了有利于国家利益和官方外交目标效果的民间国际往来、交流和活动才可以称作民间外交。

然而,如果仅从这三个维度来定义民间外交必然是失之偏颇的,因为这三个维度较为孤立和静止地看待民间外交,而没有历史性地认识民间外交的性质和价值,尤其是割裂了民间外交与人民外交的内在联系。

首先,如果只从主体上而非性质上区分和定义民间外交,从事民间外交的主体只能是非官方性的团体或个人,那么中华人民共和国成立以后直到20世纪70年代之前的人民外交就不是民间外交,而且此后官方或半官方的人民团体所从事的大量对外交往、交流活动也不是民间外交,而这明显与事实不符。可见,是否是民间外交行为不能简单地从主体上进行判定,而要考虑其性质,尤其不能割裂民间外交与人民外交的内在联系。其实,如果从民间外交是对人民外交的继承和发展的角度来认识,上述难题就会迎刃而解。

其次,作为国家整体外交的组成部分,民间外交当然有配合官方外交的目标或维护国家利益的责任和义务,但如果只是这样理解民间外交的任务或目标,则失之偏颇。周恩来总理指出:外交工作虽然是"以国家为对象","是通过国家和国家的关系这个形式来进行的,但落脚点还是在影响和争取人民,这是辩证的"。[1] 毛泽东、周恩来、邓小平等第一代、第二代领导人多次阐述了人民外交和民间外交的根本任务是争取人民,通过增进中国人民与世界各国人民之间的友谊来推动国家关系的发展,由此充分说明了在处理人民友谊和国家利益之间关系的时候,我们的态度是辩证的,而非只强调其中的一个方面。

最后,为了与民间往来相区分,而试图从动机和客观效果上加以甄别的做法其实并不具有任何可操作性。暂且不说我们根本没有办法去判断主观动机是什么,即使是所谓的客观效果,目前也尚无任何评价标准和评价程序。民间往来有促进相互了解和增进友谊的作用,有人据此认为广义上的"民间外交"就是民间往来,这种看法忽视了民间外交是有组织的行为,显然也是不可取的。

可见,定义民间外交必须契合中国民间外交的基本经验,深入考察民间外交对人民外交的继承和发展,必须强调人民的主体性及其不可分割的特征,特别是要处理好国家与人民的辩证关系。习近平同志2012年5月在会见全国友协第十届全国理事会代表时指出,"民间外交是增进人民友谊、促进国家关系发展的基础性工作,是国家总体外交的重要

---

[1] 中华人民共和国外交部外交史研究室编:《周恩来外交活动大事记(1949—1975)》,世界知识出版社1993年版,第148页。

组成部分"。他还特别强调要树立人民的主体地位，指出"坚持人民主体地位，发挥人民首创精神，着力解决好人民群众最关心最直接最现实的利益问题，不断让人民得到实实在在的利益，充分调动人民群众的积极性、主动性、创造性"。坚持人民的主体地位是充分发挥人民在开展民间外交中的自主创新精神的前提。从该意义上说，中国民间外交对人民外交的继承和发展就是既要坚持人民的主体地位，又要为发挥人民的自主创新性提供法律性、制度性和机制性的保障。

根据以上分析，笔者认为中国民间外交的定义应该就是"中国共产党领导下，通过增进人民之间的友谊，推动国家关系发展的对外交往和交流活动"。这一定义虽然简洁，却宗旨明确、内涵丰富。在定义中明确民间外交是在中国共产党领导之下的表述，符合中国民间外交的基本经验，避免了从主体上界定民间外交而产生的自相矛盾。实际上，民间外交正是因为有了党的领导才与普通的民间往来区分开来，从而在组织上、制度上和机制上保障了其发展的活力。定义中的民间外交宗旨继承和发展了人民外交思想，正确处理了增进人民友谊与推动国家关系发展的辩证关系，既树立和坚持了人民的主体地位，又为民间外交自觉配合政府外交目标和服务国家利益提供了依据。

三、民间外交与公共外交的区别与联系

民间外交之所以成为中国共产党在国际关系中的创举，主要是因为中国共产党人在国际关系中坚持人民的主体地位和不可分割性。在以主权国家为最重要行为体的现当代国际体系中，流行的是以国家为本位的思维和学说，甚至现代的外交概念也是在现代民族国家的基础上形成的。然而，在民族国家这一"想象的共同体"内部却存在着对立的政党和利益阶层，"人民"处于分裂状态。与此不同的是，坚持人民民主专政的中华人民共和国成立后即制定了"立足于人民，着眼于人民，寄希望于人民"的外交方针，从历史唯物主义的基本立场出发，成功地将

统一战线思想运用于外交领域，从而开创了特色鲜明的民间外交。在中华人民共和国成立初期的民间外交实践中，人民从来都是一个整体而不是相互割裂的。所以，以人民为主体才是中国民间外交的本质。这一本质也正是我们今天分辨和区分中国民间外交与其他外交形式的出发点。

"公共外交"一词于20世纪90年代初进入中国，自21世纪后逐渐升温，在2010年前后达到高潮。随着十八大报告明确提出"扎实推进公共外交和人文交流"的要求，国内不少高校成立了公共外交研究机构。2012年底，中国公共外交协会正式成立。应当说，公共外交是新形势下完善中国外交布局的客观要求，是中国外交工作的重要开拓方向。但是，由于公共外交的内容和目标与民间外交有诸多重合和相似之处，关于二者的关系也引发了不少争论，出现了诸多相互矛盾和混乱的观点与看法，如不少人依然从主体上简单地区分二者，认为公共外交是政府所从事的、针对国内外民众的信息传播及文化交流活动；而民间外交则是非官方性质的纯粹民间行为。还有观点甚至认为公共外交包括民间外交，民间外交是公共外交的一个组成部分，或者民间外交就是公共外交。笔者认为，出现这些观点和看法的根本原因是不能在客观认识民间外交的基础上深入辨析二者的区别和联系。

首先，民间外交与公共外交的理论渊源和性质不同，二者不可混为一谈。如前所述，民间外交是中国共产党和中国外交的一项创举，它以人民为主体，以增进人民之间的友谊为宗旨，进而推动国家间关系的发展。其理论渊源是辩证唯物主义的基本立场、统一战线思想和人民主体论，性质上是超越国际体系的人民友谊，即无论国际体系如何变化，人民之间的友谊与和平是永恒的，会持久地推动和改善国家关系。公共外交这一概念则出自美国，性质上没有超出国家外交范畴，历史性地承继了美国冷战时期的对外宣传理论，本质上属于特殊的政府行为。但随着信息沟通技术的通畅以及国际交流需求的日益增强，包括中国在内的许多国家开始把公共外交提上日程。可见，公共外交是各国通行的一种外交形式，而民间外交则形成了中国独有的传统和特色。

其次，从行为特征上来看，公共外交通常是政府为了实现一些短期的外交战略或政策目标（如提升国家形象等），而直接或借助非政府行为体机构间接地通过双、多边对话，信息传播，文化交流以及舆论引导等方式，影响或改变国内外民众及各种集团的价值观念的外交活动。而民间外交的行为特征则是通过各种灵活多样的方式增进人民之间的友谊，致力于从长远上实现夯实国家关系发展的民意基础和社会基础。一般而言，民间外交实现目标的手段往往不是通过短期内改变他人的价值观念，而是通过长期的潜移默化影响对方。二者在行为特征上的区别是十分明显的。

第三，加强公共外交工作不应冲击或冲淡民间外交工作的价值和意义。公共外交具有短、平、快的优势，其效果往往是可以测量和评价的，所以需要建立一个完备的测评体系。民间外交则在实现长远、重大战略性目标方面拥有不可替代的优势，其效果难以短期评估，但其重大意义又远远超过公共外交。所以，二者都是中国整体外交体系中不可或缺的组成部分，其作用可以互为补充。实际上，正是由于中国长期重视开展民间外交，我们才需要通过公共外交来加强政府在对外交往中的主动性和灵活性，在一定程度上补足民间外交的工作范围和工作性质所限而可能带来的短板或空档。当然，这些优势和劣势都是相对而言的，民间外交如果做得到位，公共外交工作就可以得心应手。但公共外交做得再好，也不可能取代民间外交。

因此，如果非要对公共外交与民间外交做一个区分，笔者认为两者有分工上的区别，而非行为主体上的区别。公共外交需要更多地服务于更为现实和紧迫的国家利益，及时、准确地实现政策信息的传播、交流，并致力于短期内影响或改变他国民众的观念和价值。富有中国特色的民间外交则服务于更为长期和重大的目标，致力于从长远上夯实国家关系发展的民意和社会基础。因此，二者不是对立的关系，而是相互配合的关系，只要充分发挥各自的优势，这些分工其实也是多余的。灵活运用政府外交、民间外交和公共外交，使三者相辅相成，对于当代中国而言是必不可少的。

第四章　民间外交主体参与全球治理的演进*

于宏源**

[**本章导读**] 外交是构成国家间关系的重要部分，一般而言，官方外交在其中往往起主导作用。不同于官方外交，民间外交手段更为灵活，通过不拘形式的平等协商和交流来自愿增进双方的理解和信任。民间外交能有效与官方外交配合，并弥补其不足。民间外交主体已在全球治理的诸多领域演绎多重角色，发挥不同作用。随着综合国力的提升，中国越来越接近国际舞台的中央，中国民间外交也继往开来，迈进了发展的黄金时代，中国的民间外交已形成多层次、多维度的交流框架，其重要性正日益凸显。中国通过民间外交主动汲取民间智慧、发动民间力量、调动民众积极性，以此来促进国家外交目标的达成，因此中国民间外交是官方外交不可或缺的有益补充。

国家关系的总体基调往往是由官方外交奠定的，官方外交在一国外交中起主导作用，而民间外交则能有效地配合一国官方外交，并弥补官方外交的不足。国家关系涉及的主体是双方乃至多方，这使得我们无法凭借单方掌握的有限信息去准确预见每一次变动的发生时机及其影响。

---

*　本文为原载于《国际观察》2018年第5期的"民间外交主体的理论探讨"一文的缩略版。
**　于宏源，博士，上海国际问题研究院比较政治和公共政策所所长、研究员。

尽管国家关系中的一些变动是不可预见的，但是适时且有效的民间外交则可以使某些消极变动变得可控，民间外交能通过本国民间的力量作用于他国，进而影响国家关系的发展与走向。换言之，动用外交智慧和手段能起到转危为机的作用，比如民间外交在中美建交以及几次挑战时期发挥了不可忽视的作用。[1] 当前国际行为主体日益多元化，社会组织的影响力逐渐扩大。党的十九大在把握世界发展大势的基础上，在国际关系层面提出了推动构建人类命运共同体的重要方针，[2] 在落实党的十九大外交工作部署中，民间的力量可以成为政府之外的重要资源。[3]

民间外交与城市外交、第二轨道外交、第三轨道外交、"公共外交"交叉重叠，它们均将非国家行为体视为外交行为的主体或主体之一，但民间外交更突出民间性，突出以民间为基石，集结民间的智慧和力量，进而补充政府外交，促进政府间多维度合作。随着当前经济全球化、社会信息化的日益深入发展，民间外交与全球治理和全球城市治理更加密切地结合在一起。在民间外交发展过程中，政府、企业、民间社会形成良性互动的"伙伴关系"，如上海市长企业家咨询会议的外方发起人格林伯格促成了1989年后中美城市经贸关系的融冰和发展。民间外交的未来发展离不开对既有的共同历史与文化观念的传承和巩固。中国的民间外交工作重心逐步向以维护国家形象、提高国际话语权和增强国家软实力为主的新领域转变；从主要关注人民友好，向更关注促进世界人民共同发展转变；以构建人类命运共同体理念为统领，通过民心相通把中国的发展同世界的发展联系起来，将中国人民的利益和世界人民的利益联系起来；从依靠官方和半官方的机构和人民团体为主，向有更多纯粹民间力量参与转变。

民间外交建立在民间交流的基础上，其主体主要来自无国际法主体资格的社会大众和企业。尽管民间外交作为政府外交的代偿角色，其功

---

[1] 张志洲："民间外交涵义的学理分析"，《国际观察》2008年第5期，第23—28页。
[2] "习近平：坚定不移走和平发展道路 坚定不移促进世界和平与发展"，新华网，http//news.xinhuanet.com/world/2013 - 3/19 - 115083820 - z.htm，2018年3月14日访问。
[3] 十九大要求"加强同各国政党和政治组织的交流合作，推进人大、政协、军队、地方、人民团体等的对外交往"。其中，作为民间外交主体的人民团体等是重要组成部分。

能、作用和权威性都受到一定限制，但必须看到，民间外交主体将在全球治理中发挥愈加重要的作用是必然趋势。

一、民间外交主体在全球治理中的角色

全球治理的民间外交主体利益攸关方很多，涵盖了所有的非主权行为体。国家的监控权已经部分让渡给社会组织、企业、公民个人等民间外交主体，所谓的全球治理权力中心也部分地转移到民间外交的主体上。在民间外交参与全球治理方面，非国家与国家行为体之争反映出一定的南北差异。西方工业国家主张推动多利益攸关方进程，而发展中国家则倾向于联合国主导下的民间参与，既强调民间参与全球治理的积极性，也重视民间外交主体的有限性。在全球治理的谈判层面，主权国家的主体地位和"共同但有区别责任原则"不改变，但是在全球治理的议程形成、履行公约等层面，非国家行为体则扮演着推动全球治理的积极角色。在全球治理的诸多领域，民间外交主体已经在演绎多重角色，发挥了不同的作用。民间外交主体在全球治理中承担了以下三种角色：

（一）公共产品服务的提供者

在资源和价值方面，民间外交主体往往能够超越各国政府的优先级限制，深入到基层，为人们提供多样化、个性化、周到、细致且普遍的公益产品和服务。另外，民间外交主体可以服务于政府外交。民间外交主体通过媒体宣传、直接对话、个人游说等诸多倡议活动来推动舆论，形成全球治理场内场外的舆论，以此服务国家外交政策目标。[1]

---

[1] 著名国际非政府组织阿迦汗发展网络（AKDN）在吉尔吉斯斯坦设立了农村发展项目，为地区发展开设培训课程，提供高等院校英文教育和禁毒警示提示。CIVIL SOCIETY, http://www.akdn.org/what-we-do/civil-society.

(二) 全球治理秩序的促进者

在全球治理进程中，难免存在不同国家、不同部门之间因为利益和见解存在矛盾和冲突，误解和冲突不断加深，从而导致合作成本不断提升，甚至难以为继的情况。而作为"世界的良心"的民间外交主体，常常可以超脱于权力政治的纠葛，从而更容易获得各方的理解和支持。不少西方学者认为，在全球治理面临危机的背景下，促进个人参与是提升全球治理效能的有效手段。[1] 塔卡提出，全球治理层面是多元化的，包括个人、地方层级、国家层级、区域层级甚至全球层级[2]。协调包括政府、非政府在内的各利益攸关方的行为是全球治理中的巨大挑战，而民间外交的主体则可以在交流与互动中协助构建全球治理秩序。民间外交通过建构跨国价值观来构建应对全球治理的范式，定义全球治理行动，在全球治理进程中影响国家行动和国际谈判。政府则在不同的社会团体之间寻找妥协，来创造各方都能接受的解决办法，并在国家层面建立全球治理政策和激励机制。这样一种机制的规范，可引导各个社会团体参与其中。当民间外交参与到全球治理的行动中，当一国政府的规范有机会定义全球治理的法律法规和政策，市场就在这样的社会范式和政策下寻找成本最低的、最有效的治理实现机制，即通过看不见的手来参与、调节并对人的价值观以及社会范式的变化做出响应。在全球化快速发展的今天，民间力量、市场力量和政府力量之间相互交叉和重叠的部分越来越大，社会和政府、政治和经济以及社会和经济之间，相互交叉和融合的趋势日益明显，这种社会与国家的相互融合与交融推动了全球治理的发展。[3]

---

[1] Jamesh Thakur, Brian Job, Mónica Serrano, Diana Tussi, "The Next Phase in the Consolidation and Expansion of Global Governance", in *Global Governance*, Vol. 4, Iss. 14, 2014, pp. 1–9.

[2] Sabina Tuca, "Global Governance vs. National Sovereignty in a Globalized World", in *Ces Working Papers*, Vol. 7, No. 1, 2015, pp. 193–198.

[3] 如中国天瑞公司通过在法属波利尼西亚海洋产业园的投资，得以积极参与国际渔业治理（如联合国粮农组织、中西太平洋渔业委员会、南太共同体、岛国论坛渔业局、瑙鲁协定成员国）的议题和规则制定、相关对话协商机制，推动提升中国渔业在全球中的话语权和全球海水养殖产业链的地位。根据笔者2018年4月对天瑞集团进行的访谈笔录。

(三) 全球治理的多利益攸关方

全球治理对各种行为体的包容性早已有之。① 1992年,《里约环境发展宣言》《联合国气候变化框架公约》中出现了"全球伙伴关系""公众参与"和"土著居民"等"类全球治理"的重要概念。2012年"里约+20"决议提出:"我们认识到参与可持续发展的行为和利益攸关方日益多样。"②《蒙特利尔议定书》最大的成功之处就在于强调了不同的利益攸关方之间的伙伴关系。最后,联合国2030可持续发展议程也特别强调了国际机构、地方当局、民间机构、私营部门、科学学术界等一同努力的伙伴关系模式。因此,对多利益攸关方的包容已经成为全球治理的核心理念之一。③

二、民间外交主体与全球治理的共同演进

在不同的问题领域,民间外交主体通过各种渠道影响国家行为的作用正变得越来越明显。④ 全球治理层次越来越呈现出多层次、多维度的特征,民间外交对于全球治理其他各个维度的跨国互动都起到润滑剂的作用。约瑟夫·奈也认为,即使是美国这样的超级大国在面对这一维度的权力时,也不能采取霸权主义的单极政策,也需要通过各种国际组织和非政府组织来塑造共同的道德和价值观念以及共同的利益来实现。⑤ 随着特朗普政府各项逆全球化政策的发展,全球治理正出现南进北退现

---

① 参见《联合国气候变化框架公约》,http://www.unfccc.int。
② 参考 https://sustainabledevelopment.un.org/content/documents/94632030%20Agenda_Revised%20Chinese%20translation.pdf。
③ 参考 https://sustainabledevelopment.un.org/content/documents/94632030%20Agenda_Revised%20Chinese%20translation.pdf。
④ 于宏源:"城市在全球气候治理中的作用",《国际观察》2017年第1期,第40—52页。
⑤ 赵洋:"非政府组织对国家行为的影响——以国际人权事务为例",《教学与研究》2015年第2期,第63—70页。

象。发达国家全球气候治理参与积极性的下降显然对全球治理提出一系列新挑战：一方面，全球公共产品的提供正捉襟见肘；另一方面，全球治理机制的有效性在下降。在气候、发展等诸多领域，发展中国家显然比西方国家更加积极，如十九大报告强调中国在全球生态文明建设中发挥重要参与者、贡献者、引领者作用。因此，全球治理态势变化给发展中国家特别是中国民间外交主体机会去参与全球治理建设，这是全球民间外交的历史机遇。

民间外交主体在全球治理议程上逐渐活跃始于20世纪70—80年代。在政府、市场和国际制度失灵的大背景下，全球公民意识逐渐觉醒，从而出现了公民自主参与公共政策的运动，即所谓的"全球结社革命"。[1] 各类跨国非国家行为体不仅数量不断增多，且日益注重拓展其国际化合作，在跨国行动范围、跨国成员数量、政策游说空间以及网络治理能力上均增长迅速。联合国也不断肯定和授权非政府的合法性和权威性。全球治理机制提升和塑造非政府组织主体（企业、社会组织等）地位的作用是在《联合国宪章》第71款中正式得以体现的。该条款授权联合国经社理事会"为同那些与该理事会所管理的事务有关的非政府组织主体进行磋商做出适当安排"。[2] 1968年，联合国经社理事会1296号决议规定了联合国同非政府组织主体关系的法律框架，授权了非政府组织的咨商地位，[3] 并且分为全面咨商地位、特别咨商地位和在册咨商地位三种。[4] 截至2018年1月，有联合国咨商地位的非政府组织已超过4990个。

随着联合国全球治理机制的发展，民间外交主体也在不断发展演

---

[1] 李丹："NGO、反全球化运动与全球治理"，《东南学术》2006年第1期，第58—64页。

[2] *Charter of the United Nations*, Chapter X, Article 71, http：//www.un.org/aboutun/charter.

[3] 根据联合国经社理事会1996/31号决议，联合国咨商地位非政府组织可以在联合国大厦（纽约、日内瓦和维也纳）派驻机构和人员，可以为联合国进行专门调查或撰写文件，也可以参加联合国召开的各项会议。

[4] *United Nations, Economic and Social Council, Resolution 1996/3: Consultative relationship between theUnited Nations and non-governmental organizations*, http：//www.un.org/documents/ecosoc/res/1996/eres1996-31.

进。不仅是联合国，作为全球最重要的大国治理协调机制的二十国集团（G20）也在不断发展深化中推进市民社会领域的交流合作。2013年于俄罗斯举办的G20议程中开始设立20国民间组织峰会，即C20（Civil 20），普京总统亲自与各国非政府组织代表对话"G20和全球治理"的主要议题。随后的G20峰会举办国澳大利亚、土耳其、中国以及德国和阿根廷都延续了这一做法，逐渐形成了C20机制。此类民间组织参与全球治理的影响力和话语权不断提升，也是全球治理对民间外交主体组织力量的需求所致。正如德国汉堡C20会议公报所强调的那样，民间组织需要"更好地国际合作"，才能在全球气候、可持续发展、全球医疗、教育与就业等问题上取得成效。

表4—1　G20在全球治理领域地位发展和民间C20发展同步

举办年份	主席国	C20举办地点	规模	议题
2013	俄罗斯	莫斯科	350人	"7+1"：粮食安全、反腐、后千年发展目标、包容性金融和金融教育、环境可持续和能源、工作与就业、全球金融体系和公民社会不平等问题工作组
2014	澳大利亚	墨尔本	440人	包容性增长和就业、基础设施建设、气候和可持续性、治理
2015	土耳其	伊斯坦布尔	500人	包容性增长、可持续发展、性别平等、治理
2016	中国	青岛	210人	消除贫困、绿色发展、创新驱动
2017	德国	汉堡	300人	金融系统改革、可持续发展、反腐、贸易、投资、气候变化、全球医疗
2018	阿根廷	布宜诺斯艾利斯	300人	农业、反腐、教育与就业、环境气候与能源、基础设施投资、全球医疗等

资料来源：笔者根据阿根廷C20会议官网相关资料整理编制，网址：https://civil-20.org/上网时间：2018年6月15日。

全球治理和民间外交主体的共同演进性还表现在当代国际体系中所存在的将民间外交主体与其他不同层次行为体连接在一起的广泛网络。① 跨国倡议网络即以活动家为中心、以非政府组织为主体的联合互动结构，构成了全球治理的重要层次，它通过提出新议题、影响国家政策、建立和传播国际规范来重构世界政治。跨国倡议网络对国际和国内民间外交主体发挥着同样关键的作用。以全球城市交流倡议网络为例，当前全球存在大量推进城市交流和民生问题合作的网络或联盟，如世界大都会协会、国际城市教育联盟、世界城市峰会、全球城市发展基金。国际都市发展协会和世界大都市协会都在促进城市规划、建设管理方面的经验交流，传播城市政策制定方面的经验，鼓励和促进有利于城市生活改善的研究工作及加强世界各主要城市间的联系等，从而有利于更好控制世界各大城市的发展进程，改善城市居民的生活水平和促进城市的可持续发展。②

三、民间外交主体和中国参与全球治理的共同演进

随着中国的全球治理地位不断上升，民间外交主体也不断发展变化，民间外交与政府外交相辅相成、相得益彰。对于民间外交的重要性，邓小平指出，国家与国家之间的关系，只有政府之间的联系，而没有民间的参与，这种关系就是不稳固的。③ 习近平总书记强调，国之交在于民相亲，民相亲在于心相通。中国在全球治理体系中的地位发展，既有官方外交力量的硬支撑，也有民间外交软实力的推动。民间外交发

---

① Michele Betsill and Elisabeth Corell Eds. , *NGO Diplomacy*: *The Influence of Nongovernmental Organizations in International Environmental Negotiations*, Cambridge: MIT Press, 2008. Robert Falkner, *Business and Global Climate Governance*: *A Neo-pluralist Perspective*, in M. Ougaard and A. Leander Eds. , *Business and Global Governance*, London: Routledge, 2010, pp. 99 – 117.

② Heidi H. Hobbs, *City Hall Goes Abroad. The Foreign Policy of Local Politics*, London: Saga, 1994.

③ 蔡拓、吕晓莉："构建'和谐世界'的民间力量——关注中国民间外交的发展"，《学习与探索》2006 年第 6 期，第 59—64 页。

挥全球治理作用的渠道日益丰富，人民对国家政策乃至国际关系的影响也日益增强。由于民间外交主体的有限性，政府在民间外交中将发挥引导作用，民间外交也成为政府引导跨国民间力量在全球治理中有效行动的重要工具。

民间外交始终是中国外交事业的重要组成部分，民间外交主体积极参与中国外交也经历了一个由不成熟到较为成熟的发展演变历程。中国民间外交最早可追溯至国共合作抗日时期。建国初期，外交战略根据"民间先行，以民促官"，"通过上层，争取人民"的指导思想，做了大量工作，民间外交主体[①]通过民间外交行动密切了中国与世界的联系。20世纪60—70年代是中国周边安全环境最恶劣的时期。在严峻的国家安全形势下，民间外交主体为缓和周边形势做出巨大贡献。通过"民间贸易""乒乓外交"等方式，中日、中美实现了关系正常化，并通过设立友好城市有效地促进了双方地方政府之间、团体之间的友好交往，加强了人民之间的了解。十一届三中全会以后，民间外交首先为中国营造了和平友好的国际环境，以多种渠道和多种方式增进了世界各国对中国的理解与信任，消除了西方民众对华的误解与偏见。

"积极参与全球治理，推进全球治理体系变革，是党的十八大以来中国特色大国外交实践最为鲜明的特色之一。"[②] 自党的十八大以来，中国国家利益的内涵和外延都在发生改变，这使得中国拓展国家利益的手段应该相应地变得更加多元化。当前，人民友好已经成为促进世界和平与发展的基础力量，是实现新型国际关系和人类命运共同体的基本前提。民间外交是增进人民友谊、促进国家发展的基础性工作，也是中国总体外交和党的对外工作的重要组成部分。十九大以来，中国全方位外交布局深入展开，民间外交作为中国特色大国外交的重要部分进一步发展，形成了全方位、多层次、立体化的外交布局，为中国发展营造了良

---

① 比如，这一时期相继成立了中苏友协、中缅友协和中印友协对口友好组织；中国人民外交学会、中国国际贸易促进委员会和中国人民对外文化协会的成立，成为中国与世界各国人士进行民间友好往来的重要渠道。

② 刘建飞："新时代中国外交战略基本框架论析"，《世界经济与政治》2018年第2期，第4—20页。

好外部条件。中国加强同各国政党和政治组织的交流合作,推进人大、政协、军队、地方、人民团体等的对外交往,通过民间外交密切与世界民众之间的联系,从而推动人类命运共同体的建设。习近平总书记在2018年中央外事工作会议中强调,对外工作是一个系统工程,政党、政府、人大、政协、军队、民间等要强化统筹协调,各有侧重,相互配合,形成党总揽全局、协调各方的对外工作大协同局面,确保党中央对外方针政策和战略部署落到实处。①

民间外交主体参与全球治理在当代外交理论和实践中不断发展,通过组织跨国活动、介入国际政府间组织的活动、跨国议题联盟、以非政府组织为代表的民间外交主体的角色拓展等形式,助力其在全球治理中发挥更加重要的作用。特别是全球治理中非政府组织参与民间外交的网络化发展和民间外交中的创造性参与模式,让民间外交主体参与全球治理展现出前所未有的光明前景。

民间外交需要动员民间资本、民营企业、民间组织的力量,通过自下而上的多元努力,奠定中国社会经济发展和对外关系的民间基础。首先,官方、半官方和民间三者结合起来是中国外交的基础。正是由于全国人民、各民主党派和人民团体的积极参与与广泛支持,中国的外交事业才拥有了雄厚的民间外交基础。其次,以社会团体和企业为主体的民间外交始终为中国社会经济发展和对外经贸关系引路牵线。各种民间外交机构和企业接待了许多与发展经贸有关的外国代表团,并与外国经济界建立了互利合作关系。例如,中国国际经济技术交流中心20年来已经推动数十亿美元的经贸合作。最后,政府与企业社会团体等相辅相成。对于涉外的敏感问题,企业和社会团体可以出面,与政府形成合力,推动国家关系稳定发展。从中国民间外交的情况来看,根据中国社会组织公共服务平台的数据,截至2018年6月,全国共有社会组织80万个,比上年增长2.5%。②

---

① 习近平:"努力开创中国特色大国外交新局面",中国政府网,http://www.gov.cn/xinwen/2018-06/23/content_5300807.htm,2018年6月23日访问。
② 中国社会组织公共服务平台,http://data.chinanpo.gov.cn/。

在全球治理背景下，社会组织已成为民间外交的主要组成部分。中华人民共和国成立初期，中国群体性社团组织是与中国体制相近的社会主义国家友好往来的重要主体。改革开放以后，社会组织的对外交往活动也逐渐转型，在推动文化和人员交流中的作用突出。[1] 在参与全球治理过程中，"作为正在崛起中的新兴大国，在提供全球公共产品方面，中国正面临国际社会的更高期待"。[2] 中国不仅需要民间外交主体在重大国际场合以非官方的形式讲述中国的政策与行动、传播国际合作和全球治理理念、促进中国与世界的人文交流，更需要民间外交主体参与全球公共产品的生产与传播。根据最新的统计数据，截至 2016 年底，中国 2.44 万家境内投资者在国（境）外共设立对外直接投资企业 3.72 万家，分布在全球 190 个国家（地区），这些企业在世界上树立了良好的中国形象。[3] 中国的智库在各领域对话中都十分活跃，极大地促进了中国与世界各国的了解和理解。最后，从公民自身而言，根据中华人民共和国文化和旅游部提供的数据，2017 年全年，中国公民出境旅游人数 13051 万人次，比上年同期增长 7.0%，[4] 这极大地密切了中国与世界的联系。上述中国民间外交主体在国际活动中十分积极，并在其中发挥了越来越大的作用，是中国参与全球治理的有效方式。

民间外交不仅是国家总体外交的一部分，而且逐渐成为民间外交主体与世界沟通对话的方式。国内方面，党的十八大以来，中国积极推动构建以合作共赢为核心的新型国际关系，提出了人类命运共同体这个具有包容性的愿景，倡导共商、共建、共享等全球治理原则和路径，并以"一带一路"倡议作为推动发展合作的国际公共产品。同时，深化与发展中国家团结与合作，倡导"亲、诚、惠、容"的周边外交理念。"中

---

[1] 周鑫宇："全球治理视角下中国民间外交的新动向"，《当代世界》2018 年第 5 期，第 32—35 页。

[2] 孙海泳："境外非政府组织因素对中国外交的影响及其应对"，《国际展望》2018 年第 1 期，第 51—69 页。

[3] "2016 年度中国对外直接投资统计公报"，http://images.mofcom.gov.cn/fec/201711/20171114083528539.pdf。

[4] "2017 年全年旅游市场及综合贡献数据报告"，http://www.cnta.gov.cn/zwgk/lysj/201802/t20180206_855832.shtml?authkey=x8zyo3。

国梦"和新型"义利观"丰富和发展了中国特色的大国外交理论,也为中国民间外交的发展提供了新的价值理念。2017年6月,金砖国家政党、智库和民间社会会议在福州举行。中国民间组织国际交流促进会秘书长朱锐指出,综合性的民间社会论坛是专业性论坛经过若干年合作积累后自然上升到的阶段。综合性民间论坛的许多建议被"福州倡议"采纳,并在金砖国家峰会领导人会晤时发挥了参考作用。可见,民间社会组织正在成为民间外交重要的新生力量,并逐步在各种重大多双边活动的配套民间活动中发出中国民间声音。还有一些社会组织开始在联合国系统中发出中国声音。2017年6月,在联合国人权理事会第35次大会上,具有联合国特别咨商地位的中国社会组织——北京青少年法律援助与研究中心和北京致诚农民工法律援助与研究中心参加大会并发言,针对国际社会和联合国报告中对中国法制改革和人权问题的误解,介绍了中国法治改革开展的相关活动和取得的成绩。

民间外交主体参与全球治理的过程经历了从学习到合作再到主导的过程,在全球治理中的作用和影响力不断提升。科研机构和学者在这一过程中发挥了较为显著的作用。在全球人居领域,2016年,由复旦大学、同济大学、上海财经大学、上海社会科学院、上海城市规划设计研究院、上海图书馆等7家科研院校和智库共同组成的团队编写的新版《上海手册》的内容在联合国第三次人居大会上正式发布。2016年新版《上海手册》是上述7家科研院校和智库的编写团队在对全球城市化和城市可持续发展的现状及未来趋势全面分析的基础上,综合国内外各研究成果和联合国2030年可持续发展议程及"人居三"大会的相关议程设置确定的,因此体现了中国学者在全球城市治理议题中的影响力。在北极治理领域,2013年中国—北欧北极研究中心在上海成立,中国极地研究中心、上海国际问题研究院等和来自北欧五国的共10家科研机构作为创始成员国,共同创建了这一学术交流平台,并围绕北极气候变化及其影响、北极治理、海洋合作、北极政策与立法等展开了研讨与交流。通过中国—北欧北极中心这一平台,北欧国家学者、官员加强了对中国北极理念和政策的了解,这也成为中国积极引导参与北极治理话语权的良好尝试。

社会组织和志愿者团体日益成为中国民间外交的中坚力量，在参与民间外交中发挥了四两拨千金的作用。在全球气候治理领域，中国民间力量也发挥了突出作用，中国民间气候变化行动网络已经拥有31家网络成员，覆盖全国15个省市，针对与全球相关的气候变化议题，共派出20家社会组织的86名代表参加联合国气候变化大会，通过举办"中国角"非政府组织专场边会，组织中欧、中非等双边交流以及向联合国气候变化框架公约秘书处递交气候变化大会立场书等形式，将中国环保社会组织应对气候变化的实践经验传播到国际社会。中国需要鼓励社会组织和志愿者通过多种途径参与中国民间外交活动，推动它们在全球治理议题中开展国际合作，倡导社会组织和志愿者在重大的国际场合以民间的形式讲述中国政策与行动，传播中国的国际合作和全球治理理念。这既包括同国际社会组织和志愿者进行协商和协作，又包括支持本土社会组织积极参加各类国际会议、全球性公益活动与专业研讨活动，鼓励本土社会组织同其他国际社会组织和志愿者进行交流互动。目前，针对国内社会组织行动力量薄弱，在民间外交与全球治理过程中话语权较少等短板，国内社会组织在能力建设方面应当更加注重通过全球伙伴关系网络建构来提升民间外交引领力。

综上所述，在外交转型升级的过程中，民间的力量是政府之外的重要资源。民间的跨国交往对其他各个维度的跨国互动都起到润滑剂的作用。民心相通，则其他各方面的合作和交流就拥有稳定的社会基础和良好的前景；反之，则会遇到许多问题和阻力。党的十九大提出的"推动构建人类命运共同体"和"促进'一带一路'国际合作"等一系列国际战略和倡议，也体现了国际关系中"以人为本"的思想。一方面，促进世界各国的共同发展，增进各国人民的福祉是这些国际倡议的题中之意。另一方面，这些国际倡议的实现也需要各国人民的支持和共同努力。"一带一路"倡议作为21世纪中国为全球治理和国际发展提出的最重要的解决方案，其推进也要求我们能够综合运用各方有利因素，推出长时段、多层次、多领域的国际合作。"一带一路"倡议中对"五通"的强调，正说明单凭传统的政治维度的外交关系已经不足以实现宏大的国际合作方案。"一带一路"倡议中着重提到"民心相通"，并将其视为支撑其他领域合作的重要保证。对于"一带一路"建设而言，由于多数项目尤其是工程类项目与各国百姓的生活直接相关，做足社会的工作对于相关合作项目的进展将产生重大的影响，因此在这一新形势下，我们需要充分发挥创造力，一方面有效地支持中国民间力量在国际舞台上发挥更大的作用，另一方面有效地整合民间力量，使之与中国外交的总体目标相协调，发挥合力。

在全球化和全球治理内涵经历广泛而深刻变化的今天，中国的经济社会发展也进入关键阶段，这对中国来说是一个极大的挑战，在深入参与全球治理过程中，中国官方和民间力量都会积极参与全球治理体系改革和建设，不断贡献中国智慧和中国力量。中国特色大国外交进入了新时代，中国民间外交进入了新时代，中国民间外交主体也站在了新的历史起点上。实现"民心相通"也是民间外交主体和参与全球治理共同演进的内在要求。为了推动和完善中国民间外交，引领全球治理，中国需要科学谋划、总体统筹民间外交主体，发挥其在民间外交、全球治理和中国特色大国外交中的基础性作用。通过民间外交实现"民心相通"并促进国之相交，为全球治理贡献中国智慧，以提升中国在全球事务中的影响力和话语权。

第五章　中国国际志愿者选派工作的挑战与对策[*]

刘金芝[**]

[**本章导读**] 培育并派遣中国优秀志愿者到国际组织和"一带一路"国家服务，能展示中国善意、助力民心相通，是推进"一带一路"行稳致远的重要保障。北京市志愿服务联合会长期致力于中国国际志愿者的选派工作，积累了重要的经验，也面临着诸多挑战。基于这些经验和挑战，本章指出：为了更好地促进选派工作，需要从国际志愿者选派的国家机构、选派体系和志愿者的能力培养三个方面进行系统的建设。

习近平总书记提出的"一带一路"倡议，对于提振世界经济，深化和平与发展的议题有重要推动意义，已被写进联合国决议，赢得了越来越多国家、地区和国际组织的积极响应。"国之交在于民相亲，民相亲在于心相通"，"一带一路"倡议要行稳致远，离不开"民心相通"的支撑和保障。其中，有规模、成建制的培育并派遣中国优秀志愿者到国际组织和"一带一路"国家服务，是展示中国善意、助力民心相通的有效方式。在这方面的工作上，北京市志愿服务联合会（原北京志愿者协会）先行先试，做出了一些探索和成效，但也遇到了一些困难和挑战。

---

[*] 本章为首发于《中国社会工作》2018年第11期的"中国国际志愿者选派工作的挑战与对策——以北京市志愿服务联合会的实践为分析背景"一文的调整版。

[**] 刘金芝，北京市志愿服务联合会国际部部长，中央民族大学管理学院博士研究生。

一、北京市志愿服务联合会国际志愿者选派概述

北京市志愿服务联合会成立于1993年12月5日，是联络、团结、凝聚全市各部门、各系统、各领域志愿服务组织的"枢纽型"社会组织。截至2018年7月，依托"志愿北京"信息平台联系覆盖的各级各类志愿服务组织达6万个，实名注册志愿者达413.7万人。市志愿服务联合会重视国际志愿者培养工作，通过搭建国际志愿服务平台、深耕国际合作项目、组织志愿者参加国际赛会和专项培训交流等方式，遴选培育高素质的国际志愿者队伍。2005年至今，北京市志愿服务联合会通过各种国际合作项目外派的志愿者共计72名。其外派志愿者工作大致经历了三个阶段：

（一）初始阶段

2005年，北京市志愿服务联合会参与了团中央的中国青年志愿者海外服务计划，派遣19名北京志愿者赴埃塞俄比亚开展社区志愿服务。这次外派工作基本完成了志愿服务任务，志愿者按期回国。但同时，这次外派也暴露出一些问题，集中表现为志愿者培训不足、外派的管理服务体系不完善、属地支持弱等。此外，志愿者对于到当地后因语言、气候、风俗习惯等不同造成的差异，缺少必要的应对能力和心理准备。尽管遇到困难后，属地的大使馆和中国企业都给予了必要的支持，但支持程度因"人"而异，没有形成系统化的在地支持网络。因此，我们认为目前中国尚不具备完整的体系和必要的条件参与国际志愿服务，需要借助国际组织的先进管理经验和渠道。

（三）发展阶段

以筹备举办2008年奥运会为契机，在商务部中国经济技术交流中心的支持下，北京市志愿服务联合会与联合国志愿人员组织签署了第一

联合国志愿服务合作项目，至今已进入第三期合作阶段，即"通过南南合作与'一带一路'倡议促进中国参与国际志愿服务发展"。项目合作的11年也是北京志愿服务国际化的缩影：从引进国际组织志愿服务项目管理经验，到发展本土志愿服务组织国际专业化能力，再到培育高素质的国际志愿者并向联合国系统和"一带一路"国家派遣中国志愿者，北京市志愿服务联合会摸索出一套国际化人才培养体系，不断探索增强国际志愿服务参与度和对外影响力。2016年至今，这个项目框架下，北京市志愿服务联合会派遣了22名中国青年作为联合国青年志愿者到泰国、缅甸、柬埔寨、肯尼亚的联合国机构和当地社区，实现了中国内地参与联合国青年志愿者项目"零的突破"。联合国志愿人员组织具有完备的工作体系，从志愿者岗位规划、志愿者选拔培训到落地管理，都有一套比较成熟的体系；小到志愿者住宿地方的选择，大到服务结束后的生涯设计建议，都有比较完善科学的流程。借助联合国的完备体系，队伍得到了锻炼，我们的外派工作体系也得以完善。

同时，2011—2017年，北京市志愿服务联合会和联合国志愿人员组织、英国海外志愿服务社等国际组织在北京联合主办了五届志愿服务国际交流会，学习其他国家关于志愿服务工作的好的做法，也向国际社会宣介中国这些年在志愿服务方面取得的经验。通过近十年的努力，该大会已经成为一个在国际志愿服务领域有影响力的品牌活动。2017年市志联更是邀请联合国机构、国际组织、政府机关、志愿服务组织等50个国家和地区的230多名代表参加这一志愿服务国际交流会，并与参会各国组织倡议成立了"一带一路"志愿服务联盟，初步搭建了一个总部在北京的国际志愿服务网络平台，旨在加强信息交流，促进开展双边或多边合作项目。国际交流大会和"一带一路"志愿服务联盟既为我们培育北京国际志愿服务人才搭建了平台，也是我们逐步选派志愿者走向国际社会的载体。

（三）现阶段

北京市志愿服务联合会从1993年成立至今，已经建立了覆盖全市的"枢纽型"志愿服务组织体系，构建了全社会积极参与、专业领域广泛的志愿者队伍体系，完善了全方位、立体式志愿服务事业发展支撑平台体系，打造了制度健全、保障有力的志愿服务保障体系。同时，继续加强与联合国、国际志愿者协会等国际组织合作，积极做到"借船出海"。此外，在中国民间组织国际交流促进会和北京市委外事工作领导小组指导下，市志愿服务联合会申请联合国咨商地位和国家南南合作援助基金项目，加强市志联组织体系建设和工作人员自身的国际化能力建设，在习主席提出"一带一路"倡议的大背景下不断开创国际志愿服务的新局面，争取早日做到"造船出海"。

尽管在国际志愿者选派方面，我们积累了一些经验，也有了较成功的项目，但依然面临着诸多挑战。

二、国际志愿者选派工作遇到的问题

国际志愿服务是民间对外交流交往与合作的重要途径之一，与"一带一路"倡议的"民心相通"高度契合，肩负了新时期新阶段大国外交的重要使命，因此国际志愿者选派应该坚持稳定性、长期性和持续性。基于北京市志愿服务联合会的经验，我们认为当前中国志愿服务国际人才培养存在一些挑战和不足，主要表现为以下两点：

（一）缺少统一的协调机构和管理机制

体系建设上，国际志愿服务需要从国家层面建立统一机构进行统一管理。国际社会先后发展起来的成规模、有建制、影响大的志愿者外派国家，如美国、日本、英国、德国和韩国，都有国家级别的统一管理机构，并列支国家一级预算，同时还在不断完善国际志愿者选派工作体系和保障志愿者服务期间的费用。目前，中国商务部、团中央、教育部各有各的项目，分别设定计划和外派人员，在形成合力和协调机制方面显得不足，还造成了较大的资源浪费。2018年国家国际发展合作署成立，期望能为志愿服务参与国际援助提供较高层面的统筹平台。制度上，目前国家也未出台国际志愿服务的法律法规，没有形成标准的外派志愿运行体系，在一定程度上不利于国际志愿服务的规模化发展。

(二) 缺少专业的国际志愿者队伍培育体系

发达国家志愿服务组织等经过多年的发展，储备了大量的国际志愿服务人才。美国的和平队自1961年成立以来，向138个国家和地区共派遣22.5万名国际志愿者，影响深远。仅2016年，美国和平队派遣志愿者6919人，日本国际协力机构派遣3762人，韩国国际合作机构派遣5633人。在中国，与国际组织类似的国际志愿者外派项目中，团中央中国青年志愿者海外服务计划从2002年至今仅派出700余名志愿者。国际组织层面，联合国志愿人员组织每年招募并派遣约5000名志愿者，其中450名志愿者由特定国家资助，其中日本、韩国官方资助志愿者分别为58名和31名，位居资助国第一和第八位。无论是在体量还是基数上，中国派遣的国际志愿者数量远不能和我们的大国外交战略相匹配。如果说对外援助的基础设施是硬件，那么国际志愿服务就是软件，这就要求志愿者具备项目设计、管理和执行的能力。中国人员派出少的一个重要原因是缺乏综合能力强、能独立完成项目的执行人才，缺乏国际志愿者培训体系。此外，社会对志愿者的作用和志愿服务的功能还存在一定偏见，认为志愿者就是廉价劳动力，待遇较低也是难以留住优秀人才的重要原因。

三、进一步做好国际志愿者选派工作的建议

基于对上述问题的分析，笔者认为应从以下三方面入手，不断提升中国国际志愿者选派工作的质量。

一是将国际志愿者选派列入国家机构的职能体系。发达国家的国际志愿者选派工作都设有国家的统一协调执行机构，并与国家总体外交战

略隐隐相连。如果能够借鉴国际经验，统一职能，加强规划，推动相关指导性政策法规的出台，将对国际志愿选派和国家软实力建设大有裨益。

二是加强国际志愿者选派体系建设。国际志愿者的选拔派出、服务国的属地支持系统和服务结束后的人才库建设是一套相对完整的工作体系，需要不断支持派出主体，即各地具备条件的志愿者组织，帮助这些组织不断增强自身能力，形成一定规模，同时完善国际志愿者选派体系建设，使之在国家外交中真正发挥对外友好作用，达成民心相通的目标。

三是加大国际志愿者的培养力度。国际志愿者选派是新生事物，应做好项目设计和培育工作，对执行志愿服务项目的人员进行全方位培训，使每一名国际志愿服务人员具备驾驭服务项目的能力和崇高的志愿精神，在圆满完成任务的过程中，为国家赢得民心。

中 篇

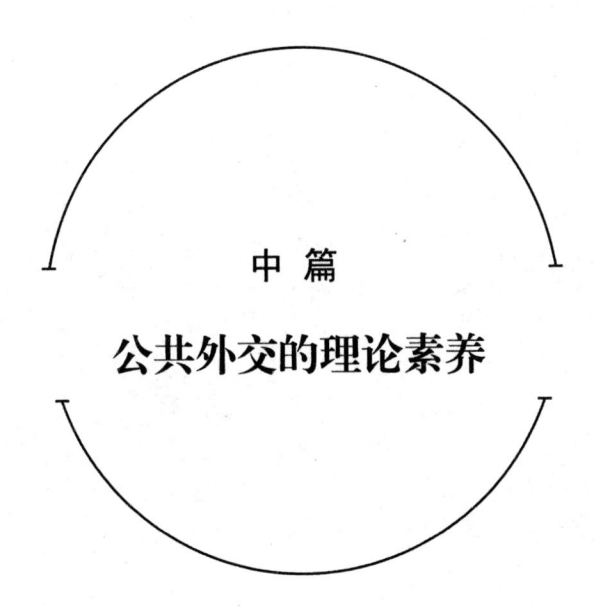

公共外交的理论素养

第六章 "讲好中国故事"与新时代公共外交

李新玉[*]

[本章导读] 向世界介绍中国，讲好中国故事，是新时代中国对外交往的重要战略举措，同时也是一项艰巨的系统工程，更是新时代中国公共外交的重要使命。如何向世界介绍日新月异的中国？如何让世界理解中华民族伟大复兴"中国梦"对中国人的真正含义？如何从国际视角出发，使中国故事让世界听得懂、听得进、听得明白、听得感动？本章仅就这些问题以及如何加强公共外交能力建设提出一点思考与建议。

向世界介绍中国，讲好中国故事，是新时代中国对外交往的重要战略举措，也是新时代中国领导人率领全中国人民实现"两个一百年"奋斗目标和中华民族伟大复兴"中国梦"的战略思考。2013年8月19日，习近平主席在全国宣传思想工作会议上强调，"要精心做好对外宣传工作，创新对外宣传方式，着力打造融通中外的新概念新范畴新表述，讲好中国故事，传播好中国声音"。[①] 2014年10月，习近平主席在全国文艺工作会议上进一步指出，要讲好中国故事，传播好中国声音，

---

[*] 李新玉，博士，中国人民对外友好协会民间外交战略研究中心主任。
① 习近平：《习近平谈治国理政》，外文出版社2014年版，第156页。

阐发中国精神，展现中国风貌，让外国民众深化对中国的认识、增进对中国的了解。① 2016年5月，习近平主席在全国哲学社会科学工作座谈会上再次明确指出："我们不仅要让世界知道'舌尖上的中国'，还要让世界知道'学术中的中国''理论中的中国''哲学社会科学中的中国'，让世界知道'发展中的中国''开放中的中国''为人类文明做贡献的中国'。"② 习近平主席这一系列关于"讲好中国故事"的重要讲话，明确了向世界介绍中国，讲好中国故事既是一项艰巨的系统工程，更是新时代中国对外交往的重要使命，也使"如何讲好中国故事"成为传播领域的重点研究课题。

事实上，今天的中国对世界的认识与了解远远多、深、细、广于西方世界对中国的认知，特别是中国改革开放40年的飞速发展让世界惊叹，一时间"中国威胁论"甚嚣尘上。如何向世界介绍日新月异的中国？如何让世界理解中华民族伟大复兴"中国梦"对中国人的真正含义？如何使中国故事让世界听得懂、听得进、听得明白、听得感动？本章仅就新时代如何做好公共外交谈一点思考。

一、"讲好中国故事"是新时代公共外交的重要使命

首先，"讲好中国故事"是新时代中国对外交往的重要战略举措，更是公共外交的重要使命。随着中国特色社会主义发展进入新时代，久经磨难的中华民族迎来了从站起来、富起来到强起来的伟大飞跃，中国正在用自己创造的奇迹吸引全世界的目光与关注。"一带一路"倡议、人类命运共同体理念在国际社会获得广泛响应，中国理念、中国方案和中国智慧正在成为解决人类发展过程中遇到问题的一剂药方，世界越来

---

① "习近平总书记在文艺工作座谈会上的讲话"，新华社，http：//www.xinhuanet.com/politics/2015-10/14/c_1116825558.htm，2018年3月10日访问。

② "习近平总书记在哲学社会科学工作座谈会上的讲话"，新华社，http：//www.xinhuanet.com/politics/2016-05/18/c_1118891128_3.htm，2018年3月10日访问。

越愿意了解和认知中国这个神秘的东方大国。但是,当世界问起我们"从哪里来""向何处去"时,我们或照本宣科,或生硬简单,或半遮半掩,无法使世界真正认识和了解中国的过去和今天,甚至还会误读曲解中国的明天。世界需要了解中国,中国需要向世界讲述自己奋进发展的心路历程,使世界认识一个真实、全面、立体、开放、友好的中国。

第二,"讲好中国故事"是新时代国家软实力提升的现实需要。"软实力"概念首先由美国哈佛大学教授约瑟夫·奈于1990年提出,随即受到国际社会的认可。党的十七大报告中已经将中国文化软实力建设提升到国家战略高度。十八大以来,尽管中国的软实力与日俱增,但与其蒸蒸日上的硬实力增长相比仍明显滞后。

英国波特兰公关公司联合美国南加州大学共同发布的《2017年全球软实力研究报告》显示,中国在全球排名第25位,[1] 虽然比之前的第28位上升了3位,但仍然与国家整体实力和国际地位不相称。

增强国家软实力的实质就是需要有效树立国家形象,增进对世界的吸引力和影响力。[2] 国家形象问题是中国当前一个棘手的问题,在某种意义上决定了中国改革发展的前途和命运。[3] 国家形象的塑造,既离不开对优秀传统文化的继承和发扬,也离不开对现代社会精神的彰显和阐释,这就需要我们在对外交往中有针对性并接地气地娓娓道来中国故事,传播中国声音,避免简单生硬地说教宣传。

第三,"讲好中国故事"是新时代回应世界负面舆论的必然需要。在当今世界舆论格局中,西方话语权占据主导地位。尽管中国在快速发展过程中一再宣示"永远不称霸、永远不搞扩张",但一些西方媒体和民众在意识形态和价值观念上对中国的恶意和偏见并没有随之消失,"中国威胁论""中国崩溃论""中国傲慢论""资源掠夺论"频繁躁

---

[1] "全球软实力排名出炉!中国排名上升美国下降法国居首",新华网,2017年7月19日,http://www.xinhuanet.com/world/2017-07/19/c_129658962.htm,2018年3月11日访问。

[2] 赵启正:"以'软实力'丰满国家形象",《社会科学报》2013年8月8日。

[3] [美]乔舒亚·库珀·雷默,沈小雷等译:《中国形象:外国学者眼里的中国》,社会科学文献出版社2008年版,第8页。

动。从某种意义上讲，中国经济的快速发展也让中国在国际舞台上处于"树大招风"的境地。因此，在复杂的国际舆论环境中，充满自信地"自塑"形象，使中国声音有效传播、中国理念深化影响，打造具有中国特色、中国风格、中国气派的国际话语体系，是"向世界介绍中国，讲好中国故事"的必然选择。

二、新时代"讲好中国故事"的传播学理论与实践

"向世界介绍中国，讲好中国故事"可分为交流与传播两个层面，前者是互动行为，即主体与客体通过交往与交流达到相互感知、相互学习、相互认识、相互了解的目的；而后者是单项行为，其重点是主体向客体表示自己、说明自己、展示自己，以期待客体对主体产生吸引力和向心力。因此，交流与传播的效果直接与内容、方式、路径、客体接受力相关。"向世界介绍中国，讲好中国故事"在很大程度上是一种传播行为，出发点是中国，落脚点是世界。

传播学认为，任何传播都是有目的性的行为过程，其目的是为了改变受众的认知，维护符合传播者意图的价值。1948年，哈罗德·拉斯韦尔在《传播在社会中的结构与功能》中首次提出构成传播过程的五种基本要素，并按照一定结构顺序将它们排列，形成了后来人们所称的"5W模式"，即：Who（谁），Says What（说了什么），In Which Channel（通过什么渠道），To Whom（向谁说），With What Effect（有什么效果）。[①] 拉斯韦尔的"5W模式"告诉我们，获得正面传播效果是一个十分复杂且艰难的过程，其中传播主体、传播内容、传播渠道和传播受众对传播效果都具有重要影响。换言之，传播过程是一种说服过程，其间的五个环节正是传播活动得以发生的精髓。中国故事的受众是全世界各

---

① Harold D. Lasswell, "The Structure and Function of Communication in Society", in *The Communication of Ideas*, Lyman Bryson Ed., New York: The Institute for Religious and Social Studies, 1948, p. 37.

国人民，他们本身就具有不同的价值观念、思维立场和评判标准，在传播过程中必须考虑不同特性特点，有针对性地进行传播。在不同情境下选择不同的传播主体、传播内容和传播渠道，也就是解决"谁来讲""讲什么"和"如何讲"的问题。

第一，中国故事的讲述主体是传播效果的直接要素。中国故事的讲述可以有多重主体，既可以有充满政治性和宣传性的官方"硬"讲述，也可以有润物细无声的民众"软"讲述。即便是同样的故事内容，由不同的传播者用不同的方式讲述，人们的接受程度也可能不一样。所以，讲好中国故事的关键在于找到合适的讲述者，这样就能够取得事半功倍的传播效果。例如，长期在海外学习生活的留学人员可以成为讲述中国故事的一个重要群体，因为他们成长在中国，学习在海外，熟悉中外两套话语体系，了解东西两种交流模式，能够运用外国民众熟悉并乐于接受的方式和易于理解的语言传播中国声音，介绍中国文化与价值观。

第二，中国故事的讲述内容是世界认识中国的关键要素。中国人有能力做好自己的事情，也一定有能力讲好自己的故事。关于中国故事到底应该讲什么，习近平主席早在2013年的"8·19讲话"中就明确提出了"四个讲清楚"的原则。习近平主席指出，讲好中国故事要讲清楚每个国家和民族的历史传统、文化积淀、基本国情不同，其发展道路必然有着自己的特色；要讲清楚中华文化积淀着中华民族最深沉的精神追求，是中华民族生生不息、发展壮大的丰厚滋养；讲清楚中华优秀传统文化是中华民族的突出优势，是我们最深厚的文化软实力；讲清楚中国特色社会主义植根于中华文化沃土、反映中国人民意愿、适应中国和时代发展进步要求，有着深厚历史渊源和广泛现实基础。[①]

基于中华民族5000多年的灿烂文明史和具有中国特色社会主义的辉煌发展史，传播中华优秀文化，介绍中国艰辛历程，宣传改革开放变

---

① "习近平：意识形态工作是党的一项极端重要的工作"，新华网，2013年8月20日，http://www.xinhuanet.com/politics/2013-08/20/c_117021464_2.htm，2018年3月10日访问。

化是我们讲述中国故事、传播中国声音的根本依托。习近平主席提出了"四个自信",其中"文化自信"是讲好中国故事的坚定脊梁,正如约瑟夫·奈认为的传统文化是最重要的软实力资源一样,① 中国故事的讲述决不可缺少中华文化这一主题,它既可清晰地展现中国"从哪里来",又将明确回答中国"向何处去"的问题。

第三,中国故事的讲述方式必须以情动人、以理服人、情理结合。信息技术的快速发展正在使世界变得越来越小,然而东西方之间思维方式的差异和价值观念的对立却没有因其而越来越近。讲好中国故事的前提是要学会如何讲故事。中国传统的传播方式注重说教,旨在以理服人,却忽略情感因素和塑造认同的技巧。我们需要在言之成理的过程中,注重语言、修辞、表述技巧的选择,考虑不同受众的价值取向、接受方式和情感诉求,由此提升中国故事的亲和力、感染力和吸引力。

第四,讲好中国故事必须有场景意识、在场思维和传播策略。近些年,我们在如何向世界介绍中国,讲好中国故事方面,注重国家顶层设计和民间外交实践多层面结合的方式,精准传播效果逐步显现。

习近平主席不仅是"讲好中国故事"的倡导者,更是实践者。十八大以来,习近平主席出访足迹基本实现全球覆盖,每到一个国家,他都会通过发表重要讲话、署名文章、接受专访等不同方式讲述一个又一个中国故事。他情理结合的讲述方式获得了国际社会的广泛赞赏,他故事化的"软传播"手法也打造了独具特色的"习式风格"。

"软传播"是将某些生硬、刻板的传播方式予以"软化",将传播的信息予以生活化和情景化,特别是将某些政治色彩较浓的信息转化为受众在日常生活中喜闻乐见的传播方式予以传播。② 一般来说,受众更容易理解与本国文化相近的价值和理念,也更容易接受能让自己产生共鸣的故事和经历。习近平主席在讲述中国故事时运用这一传播手段,巧

---

① 王义桅:"望海楼:中国软实力究竟从何而来?",《人民日报》海外版,2014年12月27日, http://cpc.people.com.cn/n/2014/1227/c64387-26285617.html,2018年3月10日访问。

② 刘肖、蒋晓丽:"国际传播中的文化困境与传播模式转换",《思想战线》2011年第6期,第37卷,第110页。

妙拉近了与外国民众的距离。习近平主席讲述中国故事的方法灵活多样，可概括为三点：一是频用典故，引发共鸣。习近平主席所讲的典故都是当地民众耳熟能详的表达，能以"春风化雨、润物无声"的方式给人亲切感。二是融入经历，增添情谊。习近平主席经常讲述自己的人生经历，最典型的是在美国讲述自己陕北插队的经历，以接地气的方式透过梁家河的巨大变化折射出改革开放给中国社会带来的发展和进步。三是立足民间，拉近距离。在演讲中，习近平主席常常会提到两国民间交往的动人故事，让普通人成为主角，用有血有肉的故事、朴实鲜活的语言提升交流温度。此外，《习近平谈治国理政》第一卷和第二卷在全球的出版发行，也是习近平主席独特的讲述中国故事的方式。截至2018年2月2日，该书仅第二卷就已被翻译成20多个语种，在全球100多个国家和地区发行，发行总量超过1300万册。[①] 通过这本畅销全球的图书，习近平主席向世界介绍了一个真实的中国，包括中国的发展历程以及中国在发展中的问题、不足和改进措施，这些鲜活的经验在外国友人看来就是最好的中国故事。

"讲好中国故事"五支队伍的建设是顶层设计实践方案的具体体现。为打造多主体、多层次、多形式的对外交流格局，中共中央宣传部组织新闻发言人、国际新闻评论员、专家学者、文化交流使者和出境人员"五支队伍"，从不同视角、不同层面、不同领域向世界介绍中国，使他们成为讲好中国故事的骨干力量。

中共十九大成功召开后，十九大精神对外宣介团从2017年11月到2018年2月，到访近80个国家和地区，向各国主要政党、组织、智库、媒体宣介解读十九大精神。[②] 由中联部牵头组织的中国共产党和世界政党高层对话会邀请来自120多个国家的近300个政党和政治组织领导人齐聚北京，聆听中国国情、中国政策、中国故事。通过这些世界听得

[①] "《习近平谈治国理政》第二卷全球发行突破1300万册"，《新华每日电讯》2018年2月4日。http://www.xinhuanet.com/mrdx/2018-02/04/c_136947992.htm，2018年3月17日访问。

[②] 侯露露："发展的中国将为世界带来更多机遇"，《人民日报》2018年2月2日，第3版。

进、听得懂的方式,十九大精神对外宣介团在潜移默化中有效提升了中国软实力和中国国家形象。

  民间外交是推进文明交流互鉴最深厚的社会力量,也是宣讲中国故事的最基层路径。中国人民对外友好协会(以下简称"全国对外友协")60多年来,为在国际舞台上树立中国国家形象积极开拓创新,为国交友。在民间外交实践中,全国对外友协通过各种丰富多彩的形式,深入国际基层,讲述中国故事,展现中国风貌。2015年,全国对外友协启动"金钥匙工程",采用请进来、走出去的方式,加强做外国友人的工作,特别是针对那些从未到访过中国或"人生必做事清单"里没有"中国"二字的外国人,帮助他们了解中国的政治体制、社会制度、历史文化和经济发展情况。习近平主席提出的"文化自信",包括中华优秀传统文化、革命文化、社会主义先进文化三个层面。[1] 在过去的对外交往中,我们更多地向世界介绍的是中国传统文化、悠久历史、风土人情。而革命文化实际上是让世界真正了解中国过去和今天的重要内容,因为它是中华民族伟大复兴"中国梦"不可或缺的重要历史渊源,缺失了这个环节,世界对中国发展历程的全面认识就会缺失,特别是会缺失对中国提出"站起来""富起来""强起来"的客观正确认识,以及对中华民族伟大复兴"中国梦"的理解。所以,在向世界介绍中国传统文化的基础上,需要加强介绍革命文化。2016年是红军长征胜利80周年,全国对外友协特别安排"金钥匙工程"学员走进遵义会址。这次现场参访活动使首次到访中国的美国人第一次知道了长征,第一次知道了遵义会议,第一次明白了毛泽东和中国共产党的地位是经过千难万险才得到肯定的……在"飞夺泸定桥""四渡赤水""过雪山草地"等画面前,他们情不自禁发出对红军灵活作战、不怕艰险的大无畏革命精神的赞叹,开始对中国革命、中国共产党有了全新的认识。美国传统基金会主任理查德·米勒感慨地说:"参观后我才明白中国走过了非常

---

[1] "习近平在庆祝中国共产党成立95周年大会上的讲话",《人民日报》2016年7月2日, http://cpc.people.com.cn/n1/2016/0702/c64093-28517655.html, 2018年3月17日访问。

艰辛的道路!"美国微软公司对外事务部总监乔纳森·弗雷伯特甚至建议,"遵义应该成为外国人到访中国重要的一站!"

向世界介绍中国是传播学的一个系统工程,其中传播主体、传播内容、传播方式、传播渠道和传播受众都对传播效果具有直接重要的影响,而用心用情讲好中国故事,使故事充满温度并鲜活起来是传播实践的目标之所在。

三、正视现有问题是新时代"讲好中国故事"的首要自觉

近年来,中国对外传播总体情况表现为力度大,投入多,但离预期效果相差甚远。讲故事容易,讲好故事不易。如何真正使中国故事"活"起来、"火"起来、"酷"起来,既是一门学问、一种境界,又是一门艺术、一种文化自觉。笔者认为,目前存在的问题主要包括三个方面:

第一,内宣与外宣混为一谈,以"我"为中心,宣传色彩浓厚。在国际传播中,内宣和外宣必须区别开来,包括内容、方式、手段、路径的选取以及受众分析,否则仅从传播者主观动机和目的出发,忽略受众接受程度和心理需要的做法,只会事倍功半,甚至引起误解反感。如一则新闻《乡镇女书记患癌症后坚持工作,为忍病痛摁断肋骨》,[①] 记者本意是希望树立一个乡镇党支书的光辉形象,如果是用于内宣的话,没有问题,话语体系完全没有障碍,故事也非常感人。但是,如此完全照搬到外宣,就会引起反感误解,国外受众会认为患癌症不住医院治疗,摁断肋骨,既不理智,更是"摧残"生命。他们对树立社会表率更为不解,甚至会产生人权方面的质疑。所以在国际传播中,充分了解受众的文化背景、心理习惯和接受方式,避免官腔、说教、简单通稿、

---

① 陈汝东:"国家形象塑造:向世界讲好中国故事",《中国教育报(理论版)》2012年1月16日,http://paper.jyb.cn/zgjyb/html/2012-01/16/content_58384.htm,2018年3月18日访问。

内外话语体系不分等传播行为是非常重要的。

第二，自说自话，自娱自乐，无视传播目的和效果。中国与西方世界的话语体系一直存在差异，这种差异常常造成国际传播中的误读和曲解。如果在国际传播中使用毫无特点的"通稿"，或仅仅把外宣视为向领导表现自己的行为，或仅仅以领导喜好为出发点，自然就会出现"我说我的，你听你的，结果如何，领导定论"的局面。换言之，如何针对不同受众进行语言转换，把自己熟悉明白的语言转换成听众明白的语言，将会影响沟通的传播效果。比如，有的官员在国际讲坛上发言，形同在国内宣读"通稿"，自说自话、自娱自乐，外国听众一头雾水，通篇下来，根本不明白讲话者的目的和思想，甚至会造成误解、反感、厌恶。

第三，资讯赤字，信息滞后，直接影响形象构建。长期以来，在国际信息平台上，源自中国的一手信息材料比较匮乏。而一手信息的缺失将直接导致国际受众仅凭第二手信息或媒体报道塑造心目中的中国形象，这种在认知不完全基础上的形象构建，不仅与真实的中国存在差距和偏颇，而且由此积累的刻板消极印象也很难消失或改变。德国杜塞尔多夫市市长托马斯·盖泽尔曾在结束访华后被问到对中国最深刻的印象，他说："我一直以为中国人大多数还是骑自行车，没想到街上全是汽车。"[1] 从这个小小的例子可以看出，哪怕是外国的精英群体，仍然对中国存在固有刻板甚至消极负面的印象，更不用提普通民众了。

国与国之间偏见的形成同人与人之间的情况类似，如果一个人被贴上某种标签，自己又不努力去摘除，各类失真的标签就会越贴越多，并逐渐被认为是"公认的事实"。[2] 要讲好中国故事，首先需要向世界提供足够鲜活、系统、有温度的资讯信息。

综上所述，讲好中国故事是中国对外传播交流、构建国家形象的重

---

[1] "杜塞尔多夫市市长：'我还以为，中国人大多数都骑车！'"，中华人民共和国驻德意志联邦共和国大使馆，2014年11月18日，http://www.fmprc.gov.cn/ce/cede/chn/dgrkzg/t1212257.htm，2018年3月18日访问。

[2] 傅莹："讲好中国故事，改进国际传播"，观察者网，2018年3月12日，http://www.guancha.cn/fuying/2018_03_12_449830_s.shtml，2018年3月18日访问。

要举措，也是向世界展现文化自信、表达合作共赢愿望的必要手段。一个正在走向伟大复兴的文明古国，在融入世界的过程中需要更清晰地表达自己，更自信地陈述事实，即使面临各种传播难题，也需要有智慧、有勇气去努力消除误解，建构真实、开放、文明、和谐的国家形象和具有中国特色且符合国际特点的国际话语体系。在此过程中，作为中国故事的重要讲述者、中国声音的直接传播者、中国形象的有效塑造者，留学人员理应积极参与，发挥自身优势，在促进中外友好交往合作的同时，讲好动人心弦的中国故事。

第七章 公共外交能力建设的目标与挑战

熊 炜[*]

[**本章导读**] 一国公共外交的能力并非仅指该国在国际社会塑造国家形象时拥有话语权的能力，更指该国的对外政策被对象国公众和国际社会所接受的能力。究其根本，乃是一国为其对外政策争取国际合法性的能力，其核心是国家塑造国际权威的能力。同时，一国公共外交的能力又与其整合各类公共外交行为体资源塑造国际权威的能力息息相关，但新的公共外交行为体势必要面对"承认（其）合法性"的问题。另外，一国公共外交的能力还指其外交行为体的理性沟通和交往能力，而此类能力的建设又依赖于外交公共空间的存在。不过，新型外交空间虽然创造出公共领域，但是外交行为体却难以在这个空间中展开理性论辩和沟通。这一系列问题给一国公共外交能力的建设带来了巨大挑战。

进入21世纪以来，当代外交的理念和机制都面临着深刻转型。国内政治和国际政治的界限更加模糊，国家行为体和非国家行为体之间日益形成交错复杂的网络关系，数字化技术的发展令传统外交方式面临着前所未有之挑战。在全球化、社会化和信息化趋势交织的情形下，公共外交能力建设不仅在实践上面临着巨大挑战，而且也成为公共外交理论

---

[*] 熊炜，外交学院外交学与外事管理系教授、公共外交研究中心研究员。

探讨的重要议题。本章尝试从公共外交目标、国际权威塑造、行为体合法性与外交公共空间等几方面提出一些关于公共外交能力建设的看法，以供讨论和批评。

一、公共外交的目标

一个国家的公共外交能力主要是指其整合运用其国内外资源实现公共外交目标的能力。传统上，西方学术界和政策界普遍认为，一个国家实施公共外交的目标归根到底是要影响外国公众的行为，以期为本国的外交政策实施创造更有利的民意环境。这也正是爱德蒙德·古利恩所提出的公共外交经典定义所揭示出来的含义，即"公共外交是政府向外国公众提供信息并施加影响的行为。它处理的是公共态度怎样影响外交政策的制定和执行的问题，涵盖了传统外交之外的国际关系范畴，包括政府在别国培育大众舆论、本国民间及利益团体与外国互动、外交事务的报道及其政策影响、外交官与外国记者的沟通、跨文化交流等"。[1] 通过考察和分析中国公共外交的实践，曲星指出，中国公共外交的最大特色是内外并重、追求共赢。中国外交部在开展公共外交活动时，除了重视与外国民众的沟通和交流之外，还重视与国内民众的交流。[2] 也就是说，中国公共外交的主体是中国政府，而客体既包括外国公众，也包括国内公众。

然而，如果仅从影响公众行为的角度来看，公共外交显然还只是传统外交方式的延伸和扩展。这里的传统外交是指以常驻使节制度为核心标志的职业化外交，其根本特征是主权国家通过其官方代表，使用交涉、谈判和其他和平方式处理国际关系，以确保国家外交政策目标的实现。但与此同时，外交却并不仅仅是职业外交机构的行为，在法律允许

---

[1] Edward R. Murrow Center for Public Diplomacy, brochure, http://fletcher.tufts.edu/murrow/public-diplomacy.html (accessed 20 February 2005).

[2] 曲星："公共外交的经典含义与中国特色"，《国际问题研究》2010年第6期。

的范围内，受官方委托的其他官员和私人也可以从事外交活动。按照布尔对传统外交功能的论述，传统外交的基本功能包括国家间促进关系、增加交流、谈判协商、收集信息、解决冲突、象征性地代表国家等。[1]传统外交虽然强调外交的官方性，但是外交使节在驻在国促进双边关系、增加交流以及收集信息的工作对象从来都包括公众与非官方行为体。衡量一国驻外使节运用传统外交方式的能力既包括其与政府官员打交道的能力，当然也包括其与公众沟通的能力。因此，如果仅仅以公共外交的经典定义"公共外交是政府向外国公众提供信息并施加影响"的观点来看，依然是将政府及其代表——官员作为公共外交的主体，那么公共外交的目标本身就是传统外交目标与功能的重要组成部分，因此公共外交能力实际上与传统外交能力并无二致。

近年来，随着新闻传媒在塑造公众舆论和影响国家外交政策方面的影响越来越大，公共外交在塑造一个国家的国家形象和增强软实力方面的重要作用又得到世界各国的重视。公共外交也成为国际传播学界的一个重要研究领域。就塑造中国的国家形象而言，2013年12月习近平主席明确提出："要注重塑造我国的国家形象，重点展示中国历史底蕴深厚、各民族多元一体、文化多样和谐的文明大国形象，政治清明、经济发展、文化繁荣、社会稳定、人民团结、山河秀美的东方大国形象，坚持和平发展、促进共同发展、维护国际公平正义、为人类作出贡献的负责任大国形象，对外更加开放、更加具有亲和力、充满希望、充满活力的社会主义大国形象。"[2] 在此背景下，运用公共外交提升中国国家形象成为新时期中国公共外交的核心目标之一。正如赵启正指出的："开展公共外交的目的是提升本国的形象，改善外国公众对本国的态度，进而影响外国政府对本国的政策。"[3] 赵可金甚至认为，"国家形象是公共

---

[1] 参考［英］赫德利·布尔，张小明译：《无政府社会：世界政治秩序研究》，北京大学出版社2007年版。
[2] 习近平：《习近平谈治国理政》，外文出版社2015年版，第162页。
[3] 杨洁勉："中国公共外交的源起、挑战和对策"，《公共外交季刊》，http：//news.china.com.cn/world/2013-09/24/content_ 30116339.htm。

外交的理论内核"。① 但是，国家形象显然不仅仅是由一国官员所代表的国家形象，与政府官员一样，社会精英和普通公众所代表的国家形象同样重要，甚至在很多方面更加真实可信。对于中国公共外交来说，其基本任务就是向世界说明中国，帮助国外公众理解真实的中国。② 如此一来，中国公共外交的主体显然就不仅是政府官员，而应该包括政府、社会精英和普通公众三个方面。而公共外交的能力就成为参与公共外交各方表达中国国情、说明国家政策、表现中华文化和与外国公众沟通交流的能力，形象地说就是如何"讲好中国故事"的能力。表面上看，这种能力的强弱依赖于国际话语权、叙事能力和对外传播与交流能力等因素，但在实质上却取决于一个国家是否拥有在国际社会的国际权威。

二、塑造国际权威

我们所谓一国在国际社会塑造国家形象和拥有话语权的能力，其实是一国对外政策能否被对象国公众和国际社会认可的能力。究其根本，就是一国对其对外政策争取国际合法性的能力，核心是国家塑造国际权威的能力。③

那么，国家如何才能获得国际权威呢？权威究竟来源于何处？为何一些国家获得权威而另一些国家只能承认权威？一个国家如何获得权威，又如何失去权威？在外交和国际关系研究中，学术界其实长期忽略权威问题，因为无论是在现实主义、自由主义或是建构主义的假定中，

---

① 赵可金：《公共外交的理论与实践》，上海辞书出版社2007年版，第68—71页。
② 赵启正："中国登上公共外交世界舞台"，http://www.china.com.cn/international/zhuanti/2010-05/25/content_ 20113970.htm。
③ Joseph S. Nye Jr., "Public Diplomacy and Soft Power", *The Annals of American Academy of Political and Social Sciences*, Vol. 616, *Public Diplomacy in a Changing World*, Mar. 2008, pp. 94-109. 约瑟夫·奈在讨论公共外交与软实力关系时指出国家的软实力其实依赖于三个要素：文化、政治价值和对外政策的合法性。他在这里所谈的合法性与国家对外政策的道德权威有关。正如本文所指出的，奈的软实力和对外政策的道德权威显然只是从魅力型权威的角度来论述的，而国家获取国际权威其实还有其他途径与方式。

国际关系中缺乏权威（即无政府状态）是给定的基本前提。但是近年来，以美国学者戴维·莱克为代表的一批学者挑战了传统的"正式—法理"的权威概念，以"关系性"权威的构建框架代之，认为权威以及基于在权威关系中地位不同而形成的国际关系等级关系，是国家间互动和交换的结果，权威的存在并不依托于法的规定，而是在国际关系互动中明示或对等级的事实承认。植根于社会契约论，莱克认为权威来源于交换，向他国提供其所需要的产品（如安全）即可获得他国对其进行部分主权让渡的回报，从而获得对这些国家的权威，并与这些国家形成等级制度。① 但是，莱克对权威的来源分析显得过于简化。在国际关系实践中，一国向他国主动提供国际关系中最稀缺产品"安全"的举动，也未必一定能够换来其他国家心甘情愿的服从，相反却更可能引来充满怀疑的拒绝和抵制。国际关系中的交换现象无处不在，然而只有在非常特殊的情况下才能出现权威和恩惠的交换，因此权威现象必将比我们观察到的频率要低得多。从而，我们推知权威必有其不同于交换的其他来源渠道，而一个国家获得或失去权威也必将不完全是在交换中的得失所致。

事实上，德国学者马克斯·韦伯提出了国内政治中的三类塑造政治权威的途径，即法理型权威、魅力型权威和传统型权威。② 韦伯认为现代理性化的国内政治生活是由法理型权威所主导的，然而即使是在现代国内政治生活中，我们仍处处可见传统权威和魅力权威的存在。在国际关系中，我们通常假定国际关系的理性原则，从而排除了讨论国际关系传统型权威和魅力型权威的可能性。然而，国际关系学者对这两种类型的感知却以其他术语表达出来。比如关于"公共外交、国家形象和软实力"的广泛讨论，实际上可以视同对一个国家获取魅力型权威的关切，只不过人们小心翼翼地避免着将国内政治术语用于国际政治，从而保持着两者之间人为的界限。而对于传统型权威，国际关系学的理论探讨则

---

① ［美］戴维·莱克著，高婉妮译：《国际关系中的等级制》，上海人民出版社 2013 年版。David A. Lake, "Escape from the State of Nature: Authority and Hierarchy in World Politics", *International Security*, Vol. 32, No. 1, Summer 2007, pp. 47–79。

② 参考［德］马克斯·韦伯，阎克文译：《经济与社会》，上海人民出版社 2010 年版。

更为稀少，但国际关系研究以及公共外交研究对国家"声誉"的热切关注[1]、国际政治心理学对国家"认知"[2]和集体记忆对国际关系影响的研究[3]都显示了：国家在国际领导权中的权威问题绝不能抛开该国与他国交往的历史、各自对历史的记忆、对对方的意象和认知这些已经成为某种传统习惯的国家心理和民众心理，剔除这些由传统、历史和记忆构成的文本环境，仅仅通过交换或短期的魅力塑造（也就是软实力打造），很难对国家的国际权威产生影响。

因此，提高一个国家公共外交能力的本质要素其实是如何塑造国家的国际权威。事实上，在公共外交研究领域，目前的学理探讨大多限于对软实力也就是塑造魅力型权威的论说，我们应该以国际权威理论为新的研究框架，建立公共外交研究的新议程。而从公共外交能力和公共外交手段的实际功能出发，学界也应该更深入地讨论国家如何以其他方式塑造国际权威，从而在本质上提升公共外交能力。

三、公共外交行为体的合法性

一个国家的公共外交能力还与其整合各类公共外交行为体资源，塑造国家的国际权威的能力息息相关。然而进入21世纪以来，随着各类非国家行为体、城市与地方政府、企业、非政府组织和普通民众参与到

---

[1] Jonathan Mercer, *Reputation And International Politics*, Cornell University Press, 2010; Alex Weisiger and Keren Yarhi-Milo, "Revisiting Reputation: How do past actions matter in International Politics", *International Organization*, No. 2, Vol. 69, 2015, pp. 473–495.

[2] Richard K. Herrmann, "Perceptions and Image Theory in International Relations", in Leonie Huddy and David O. Sears and Jack S. Levy, eds., *The Oxford Handbook of Political Psychology*, Oxford University Press, 2013.

[3] Noa Gedi and Yigal Elam, "Collective Memory — What Is It?", *History and Memory*, Vol. 8, No. 1, Spring-Summer, 1996, pp. 30–50; Rene Lemarchand, *Forgotten Genocides: Oblivion, Denial, and Memory*, Philadelphia: University of Pennsylvania Press, 2011; Eric Langenbacher and Yossi Shain, *Power of the Past: Collective Memory and International Relations*, Washington D. C.: Georgetown University Press, 2010.

公共外交活动中，公共外交的社会化趋势变得越来越明显。① 这些新的公共外交行为体能够参与国家的外交政策实施过程，在一定意义上扩展了传统外交的职能范围。虽然新公共外交行为体从事公共外交有可能是获得了政府的授权，或者是在中央政府制定的公共外交理念和战略指导下创造性地开展活动，但是公共外交与传统外交之间的关系事实上具有内在的张力。因此，新公共外交行为体从事公共外交活动有时就难以避免地存在"承认合法性"（Recognitional Legitimacy）问题。所谓"承认合法性"，是指对一个实体行使权力的承认，既包括其内部的对统治权威的承认，也包括外部其他行为体对其的承认。② 新公共外交行为体的合法性问题导致其在国家整体外交机制中的地位、职权和资源调配等方面的模糊不清，特别是与政府行为体之间的相互协调常常是十分困难的。

中国的情况比西方国家更为复杂，主要体现在新时代的中国公共外交能力建设还面临着双重挑战。一方面，处于现代化国家建设进程中的中国政治体制日趋理性化，科层分明和分工精细是理性化管理的内在要求，在这个体系中，加强传统外交的统筹协调能力是题中应有之意；但另一方面，公共外交社会化的趋势又在加速外交领域职能和权力的分权与扩散。目前，随着中国民众和社会力量参与国家治理的需求与动力增强，中国社会其实蕴藏着大量公共外交资源，而这也是中国公共外交能力建设的巨大潜力。然而，如何协调好官方资源和民间资源之间的关系，不仅是体制创新的问题，而且也反映出国家与社会关系建构的深层次结构性问题。

四、新型外交公共空间

从理论内涵上来说，公共外交的"公共"更多是指公共领域的

---

① 韩方明："中国公共外交：趋势与建议"，《公共外交季刊》，http://www.china.com.cn/international/txt/2012-02/27/content_24740442.htm.

② Jordy Rocheleau, "Recognitional Legitimacy", *Encyclopedia of Global Justice*, Dordrecht: Springer, 2011, pp. 935-936.

"公共",而非仅仅是"公众"。正如哈贝马斯等学者所指出的,公共领域是容纳和承载公共理性的空间,众多主体在公共空间中展开理性讨论和交往论辩,此空间存在于国家和社会之间。[①] 理想类型的公共外交应该是通过各类外交行为体之间的交往和沟通形成外交公共空间,通过对外交事务的理性论辩和沟通,达成协商共识以实现公共价值。在这个意义上,国家的公共外交能力其实是指其外交行为体的理性沟通和交往能力,而此类能力的建设又依赖于外交公共空间的存在。

值得注意的是,互联网和新媒体技术和平台的发展已经建构出一个新型的外交公共空间。事实上,网络时代的实质就是建立起一个新型的社会空间,而非仅使网络成为社会的一种工具。在这个社会空间中,通过网络连接起来的所有行为体都能够对信息和知识进行生产、交换、共享和传播。[②] 正如美国著名专栏作家托马斯·弗里德曼所称,互联网使全球范围内的任何人在任何地方都可能获取同样的信息,相互连接和相互交往,让世界变得更平。[③] 对一国的国内社会来说,网络时代令社会人类学家所称的社会规模迅速扩大（the growth in scale of society）,变得更易为国外的因素所影响,跨国信息流动增多,国家间的人员交往也在不断增多。跨越国界的个人之间能够通过网络频繁互动,社会结构、人们的观念、礼仪和宗教信仰都有可能出现新的变化。因此,互联网实际上是社会关系中一种特殊的重构力量,使网络时代的社会空间出现结构性变化。美国学者卡斯特将其称为流动空间（space of flows）,并在文化观念层次上凸显其变化,"地方之间的关联逐渐丧失,越来越无法分享文化符码"。[④] 在外交上,通过使分散在世界各地的个人、各种社

---

① 参考 [德] 于尔根·哈贝马斯,曹卫东等译:《公共领域的结构转型》,学林出版社 1999 年版。

② Andrea Slane, "Democracy, Social Space and Internet", *The University of Toronto Law Journal*, Vol. 57, No. 1, Winter 2007, pp. 81–104.

③ Thomas Friedman, *The World is flat*. New York: Penguin Books, 2005.

④ 参考 [美] 曼纽尔·卡斯特,夏铸九等译:《网络社会的崛起》,社会科学文献出版社 2006 年版。卡斯特尔认为,与网络的流动空间相对应的是具有历史根源的、人们共同经验的空间组织,即地方空间（spaces of places）,流动空间与地方空间的脱落构成网络时代的文化冲突现象。引自黄少华:"论网络空间的社会特性",《兰州大学学报（社会科学版）》第 31 卷第 3 期,2003 年 5 月,第 65—66 页。

会组织和政治共同体相互自由联系和集体行动，互联网和新媒体对国际社会的基本秩序产生着影响。而各类公共外交行为体正是在这个外交的新公共空间中对国际关系产生影响。

新型外交空间不仅是跨国网络化的，而且其最显著的特点是变得越来越个性化。正如德国国际安全事务研究所"21世纪的外交"项目报告所指出的那样，新型外交空间区别于传统的外交空间，新公共外交行为体参与外交的方式可以相当个性化，因为人们能够建立个人在线网络，在在线网络上甚至可以反映扭曲事实的观点。而且，新外交空间充满了情感因素，新媒体非常方便人们直接体验情感传递。团体能够通过情感的传递实现与他人之间的认同。因此，个性化的情感成为身份的标志，并在虚拟公共领域创造归属感。此外，新的外交空间也是故事驱动的。由于故事的情感多于事实，数字空间创造了一个真实的、充满激情的世界，而传统外交的理性使公众无法采用类似的情绪反应。[1] 因此，新型外交空间虽然创造出公共领域，但是外交行为体却难以在这个空间中展开理性论辩和沟通，这就给国家的公共外交能力建设带来巨大挑战。

综上所述，2018年中央外事工作会议指出，当前是世界转型的过渡期、中国发展的历史交汇期，中国与世界的关系正处于新起点。在此背景下，中国特色大国外交迎来了时代赋予的发展机遇，作为中国外交的重要战略支柱，中国公共外交的目标定位和能力建设也必将有新的发展。本章的分析旨在初步提出公共外交能力建设的几个理论问题，认为塑造国家的国际权威是提高公共外交能力的核心要素，而公共外交行为体的合法性问题和新型外交公共空间的形成又给公共外交能力建设带来新的挑战。

---

[1] 参考 Rudine Emrich, David Schulze, *Diplomacy in the 21st Century-What Needs to Change?*, Working Paper, Berlin: SWP, 2017 December.

第八章 公共外交人员的理论素养和文化自信

张志洲[*]

[**本章导读**] 公共外交人员的能力建设离不开其理论素养的提升。而理论素养的形成，除了学习等途径外，往往也需要文化自信。没有文化自信的人，常常言不及义，放着五千年文明史不顾，只会在西方价值观面前自惭形秽，未谈问题先自矮三分。对于国人而言，五千年的文明足以让人自信。中华优秀文化走出去，是中国对世界的贡献。中华文化的"内敛""修心养性"等特性对于西方文化主导的全球化时代具有补正作用，可消解现代性焦虑。

公共外交人员是一个宽泛的概念，但从事公共外交工作有一些基本的素质要求，如对对象国有深度了解、对具体谈论的主题有专业知识、对自身国家利益有清晰的认知、对国际规范有较好的掌握、对人类共同价值有基本的认同、对自己国家的历史和文明能够讲得"头头是道"等。当然，理论素养是其中很重要的部分，树立文化自信与提升理论素养存在内在的联系。理论素养的形成，除了借助知识学习和经验积累外，还需要文化自信。没有专门知识和理论素养的人，往往言不及义，再有文化自信也做不好公共外交。没有文化自信的人，则有两种倾向：

---

[*] 张志洲，北京外国语大学国际关系学院教授，《国际论坛》创刊编辑、编辑部主任。

要么置中国五千年文明史于不顾，只会在西方价值观面前自惭形秽，未谈问题先自矮三分，一开口就"长他人志气，灭自己威风"，文化上自卑，交流中露怯；要么以国内媒体通常的政治语调讲话，不顾对象和场合，或歌功颂德，或盲目自信，搞不清"内外有别"。这样的素养和心态都是做不好公共外交工作的。

公共外交何等重要，这样的问题在今天已经无需论证，但有些常识性的东西通常也被公共外交的研究者们或管理者们忽视了。比如：（1）假设公共外交都是"以我为主"的，而忽视了"被公共外交"的问题。笔者多年前发表过一篇小文章，讲到国人在做公共外交工作时，要防止"被公共外交"，自己工作没做成，反而被他人做了工作。如美国的文化攻势——把自己的意识形态打扮成普世价值话语进行传播，俘获了在人文交流中许多没有文化定力的中国人；一些去美国等西方国家的留学生，也很快就成了人家文化、制度、价值观、意识形态的追随者。（2）我们在讲公共外交时，有一个隐含的意思，就是公共外交的效果肯定是好的、积极的。但事实上，这样的想法是片面的。公共外交一定会有好的效果吗？不一定，有时还会适得其反。如对于有些事本来"沉默是金""多说无益"，但现在"为了公共外交"，经常没话找话，或极力编造故事，尽管编出来的故事既不感人也不好笑；又如近些年中国在国际上推行汉语教育，成立许多"孔子学院"，这本来是件好事，但由于方式方法与"合法性"阐释不到位，美国及其他一些西方国家的舆论就把我们的这种"公共外交"说成是中国的魅力攻势和文化渗透，将中国自以为傲的"软实力"说成"锐实力"（sharp power）。（3）把公共外交定位为实现"民心相通"的工作。这在国家的外交战略上，或许是合理的定位，但在具体的工作中其实是极难的事情。人心的相通从来都是件最难的事情。有学者写文章时提出了疑问：中国式人文交流能否实现"民心相通"？认识和解决公共外交中的这些问题，需要懂得一点中国的文化智慧，如老子说的知白守黑、居中处下、大音希声、大象无形、大巧若拙、大辩若讷，公共外交人员在这方面有许多课要补，只有增强理论素养，树立文化自信，才能更好地破解这样的问题。

一、公共外交人员应具备哪些理论素养

理论素养也涉及多方面、多层次，这里简单谈谈以下三个方面。

（一）具体问题具体分析的哲学观

具体问题具体分析，这一点看似简单，但落实到工作中却未必能做好。公共外交工作要求看对象、看主题来谈观点，比如"讲好中国故事，传播好中国声音"是公共外交工作的一项任务，也是一项指导原则，但一定要注意区分不同的对象，要对不同对象讲不同的故事，传播不同的声音。世界各地差别很大，国家性质、利益诉求、历史际遇、文化传统等各不相同，因此需要到什么山上唱什么歌。这不是说，讲好中国故事、传播好中国声音是没有原则的"看菜下饭"的实用主义，而要讲究说话的时机、场合和对象。

具体问题具体分析，有利于不同问题的"切割"。世界虽然是普遍联系的，但是国家之间利益和矛盾交织，做公共外交工作要取得成效，往往需要将不同领域、不同性质的问题分开来，不能把不同的事都往一个筐里装，不然什么问题都难以解决。比如中美之间进行人文交流，可以是公共外交的方式，而就人文交流的主题进行讨论时，如果将中美之间的价值观冲突、自由民主人权问题等都交织在一起，不懂得"就事论事"，那就超出一般的公共外交人员的能力了。

（二）对于"西强我弱"要具体解读，明白具体含义

对西方国家民众的公共外交仍然是公共外交的重要领域，所以就经常涉及"西强我弱"的问题。一般人在讲到"西强我弱"时是作为一个整个概念笼统地讲的。而事实上，"西强我弱"的含义是需要分解的，明白这一点是理论素养的重要体现。"西强我弱"这一总体性结构表现在许多方面：（1）实力结构，如中美在物质财富、生产能力、科

学与技术力量上的落差等；（2）制度话语权结构，如美国在世界银行、国际货币基金组织、北约、东亚联盟体系等国际制度中拥有话语霸权，中国作为"融入世界""与国际接轨"的后来者在国际制度话语权上比较弱；（3）观念结构，如在价值观和意识形态结构上，冷战后美国和西方处于明显的优势，中国当前的社会核心价值体系还在"构建"中；（4）文化话语权结构，如中国还没有发挥出自己五千年优秀传统文化的理念和话语的优势，而西方文化概念主导了世界；（5）学术话语权结构，如中国学术界长期做西方学术话语的追随者，讨论西方学者抛出的议题，比如文明冲突论、历史终结论、修昔底德陷阱论等，中国学者的学术著述和学术思想总体而言还没有享受"被追随"的待遇；（6）媒体、舆论结构，如就语言来说，英文媒体占据报道数量和影响力的绝对性主流地位；（7）普遍的西方中心主义认知结构；（8）设置议题、制定规则、引领讨论的能力，中国与西方还差距较大；（9）解决现实国际问题和危机上明显的能力差别，等等。通过对"西强我弱"概念的分解，我们可以把一个笼统的"西强我弱"理论化，公共外交人员应该对这些做到"心中有数"。

（三）话语权理论素养

公共外交要通过话语表达，因而掌握话语和话语权的一些理论知识非常重要。要理解话语权的概念，应知道20世纪西方哲学的"话语转向"，知道福柯的"知识就是权力""话语即权力"的思想。话语权与构成国家的其他权力样式一样，是一种"权力"，而不能根据中文词语望文生义地理解为"权利"。话语形成权力在于话语获得认同。那么，什么样的话语才会获得认同呢？话语获得认同和形成权力在于这样一些因素：一是话语本身的表达因素，如逻辑性、科学依据、道德高度、共同利益表达等；二是议题设置、规则制定、讨论的引领性，包括专业知识的领先性等。话语只有被认同，才能形成权力，所以表达什么和如何表达都非常重要，两者构成了话语的质量。而传播是扩大影响的关键要素，扩大"话语音量"是必要的，但两者不可本末倒置。在全球化和新媒体时代，扩大"话语音量"相对容易，而提升"话语质量"是根本。话语权也分多种类型，如话语性话语权、制度性话语权、文化话语权、结构话语权等。理解中国当前为什么重视话语权是理解话语权问题所必需的知识。中国的话语权不足既表现在国家整体层面上，也表现在各行业各领域各部门。对于中国而言，政治话语权是核心，学术话语权是基础，国家定位是关键。

二、中国文化自信的矛盾性

中国文化有自己的独特性，但过去几个世纪主导世界的是西方文化，这不仅使百年前的中国知识精英表现出对中国文化的"自暴自弃"，也导致今时一些国人未能树立起文化自信。但是，我们又有"文化自信"的充分理由。下面就这个问题进行梳理，这里不仅讲原因，也讲历史线索，但不做系统论述，以提供一些观点为主。

（一）中国近代以来的国家命运和文化心态的嬗变

在晚清之前，中国是东亚地区最强大的国家，在文化优越性上基本没有对手，地域广阔而又相对封闭的农耕文明方式使得中华文明"博大精深"。因此，近代之前，中国人不仅有文化自信，甚至表现为文化自傲。即使晚清的"中学为体，西学为用"思想，也仍然表现出中国文化极强的自我认同感。但由于近代历史的转折，文化自傲或文化自信失去了国家力量优势的支撑，反而在落后挨打中，导致文化自信的失落与自卑心态的形成。从这一点来看，今天文化自信的重拾与上升，与近代历史相连接，是一道曲线。从"打倒孔家店"，到"全盘西化"，到"文化大革命"，再到《河殇》是下降曲线，而国家实力增强之后文化自信回归与逐渐增强则是上升曲线。

（二）体用合一的中国传统文化

尽管"中学为体，西学为用"表明了近代衰落之中的中国在文化上的坚守，但事实上传统中国文化是体用合一的，而"中学为体，西学为用"存在内在矛盾，试图将体与用割离，不仅在逻辑上难以自洽，在实践上必然导致"用"对"体"的侵袭

很难设想，一方面"师夷之长技以制夷"，另一方面却沿用中国文化的儒家伦理不变。中国文化之体只有吐故纳新，才有能力包容外来之"用"，而这必然是在新的高度上的文化融合。中国近代以来事实上已经走过了这一过程，达到一个文化融合的新高度。

（三）中国近代的落后挨打不单单因为文化

近代中国"面临数千年未有之大变局"，各种变法图强的努力都未能挽救国运的衰势，一百年前的中国知识精英们从文化上寻找落后挨打的根源，并以西方的"德先生""赛先生"作为救亡图存的良方。显然，在今天看来，这是非常片面的，如主张废除汉字等。但是，不宜苛责前人，前人做了他们的工作，为推陈出新、唤醒国人做了伟大的工作，而今人在恢复文化自信上应该更加有所作为。

三、中国为何可以在文化上自信

中国文化为什么可以自信？这是本论题的关键。

文化既要整体面目观之，也要分类来说明。文化可分为物质文化（器物文化）、精神文化、价值文化、制度文化、行为文化、思维方式等。中国文化的根基在"轴心时代"已经初步成型，后来佛教输入，儒道释相融合的完整的文化和文明形成。中国文化的根基在于农耕文化的生产和生活方式。到了现代，中国在传统文化的基础上吸纳西方现代文明和世界各民族的优秀文化成分，更加显示出新的发展动能和文化气象。中国文化之所以可以自信，理由有很多，这里说明一下主要的

几点：

其一，中华文明是世界主要文明中唯一的世俗文明，在根基上是农耕文明，由此形成了完整的、系统的、独具特色的思想学说，如重和平、和谐、和睦等"和文化"；重实际，把精神文化的重点落在琴棋书画等艺术上，而非人格化的"上帝"；讲亲情伦理，讲以人为本的"处世"哲学等。中国文化的主流至今仍是世俗文化，这种文化具有极大的包容性，而没有许多国家的"宗教负担"。世界历史上，宗教撕裂社会的案例数不胜数，而中国主流文化的世俗特性可以避免宗教对立，并为人文主义文化的新发展提供了厚实的根基。

其二，中华文明是世界文明进程中唯一没有中断的主体文明，五千年甚至更长时间的文明绵延不绝，一以贯之，虽然作为古老文明，她在现代社会观照下有许多不足，但她有足够的吐故纳新的能力和气度。如今的中国拥有近 14 亿人口，是世界上人口最多的国家，人民富有智慧又勤劳勇敢。在人类历史上的大部分时间里，她都是先进的文明，走在世界的前列，只是在近代以来 170 多年的历史上，其发展出现曲折，曾经落后挨打，但一旦中国人找对了路子，在短短几十年的时间里又发展成经济繁荣的世界第二大经济体。她的学习能力是一流的。我们更有理由相信，未来她将发展为一个更强大的民族和更强大的国家。追赶和发展的背后是"自强不息"和"务实"这样的中国文化精神。

其三，经济力量是国家物质力量的最重要部分，也是文化自信的重要物质基础。过去中国在经济上的发展非常不充分，他国的经济救助成了文化自卑的理由。但如今，中国重新以经济发展的辉煌成就换来民族自豪感和文化自信。马克斯·韦伯在《新教伦理和资本主义精神》一书中提到的中国文化缺乏"资本主义精神"的观点成为中国不适合现代化发展的"迷信"。而改革开放 40 年的成就足以证明，在中国文化中有许多因素有利于推动经济的高速发展并形成自己独特的发展模式，如儒家伦理与现代经济的结合、家庭高储蓄率、人民勤劳不怕吃苦等。

其四，中华文化具有"内敛"特性，个人修养重视修身养性，对国家的责任方面则崇尚治国平天下、"天下兴亡，匹夫有责"。这种内敛特性对西方文化主导的全球化喧嚣时代、现代科学技术伦理危机时代具有补正作用，是消解现代性焦虑的良方。过去中国人追随西方文化，对现代化的理解比较片面，现在则更客观地认识到中国传统文化的内敛性具有的价值观意义。建立在理性自私价值观基础上的西方文明，也曾是近现代世界发生多次大范围战争的根由，中华文明的伦理亲情价值则有利于消除理性自私的负面影响，至少可以中和西方文明的许多"毒素"。

其五，中国文化思维上的模糊思维与西方的理性分析思维各有特点、各有优长，但通常而言，拥有精确分析思维方式的人很难感受到模糊思维的妙处，而模糊思维的人更容易体验和习得理性分析思维。模糊思维的现代科学价值已为科学家们所肯定，这一思维方式和长处将为中国在未来的科学发展中赢得优势。

除了以上几个方面，中国文化可以自信的理由还有很多，此处不赘述。概况而言，无论是在文化绵延不绝的力量还是自强不息的精神上，无论是在文化的包容性内核还是文化的多样性上，无论是在价值观还是思维方式上，无论是在既有发展成就对于文化精神的体现还是对于人类现代生活意义的理解上，中国文化都有自己的特色和价值。中国文化有充分的理由自信。

第九章　关于跨文化传播能力建设的反思

云国强[*]

[**本章导读**]　本章针对跨文化传播能力的建设提出以下三个反思。反思之一，在全球秩序转型过程中，中国在跨文化传播战略上强调以我为主、兼收并蓄，弘扬中国文化，用中国价值支撑人类命运共同体，由此产生了一个必须认真面对的问题：如何理解中国话语与"西方普世价值"的内在张力？反思之二，随着全球化进程的加深，中外文化交融互动愈益频密，我们应当如何打造有助于弘扬中国文化，竞逐文化领导权，进而将"中国梦"和"新时代中国特色社会主义"等论述与各国人民的期待联系在一起的跨文化传播话语体系？反思之三，如何想象与建构网络和社交媒体环境下的跨文化传播系统与实践？

我们现在正面临着全球秩序的转型，中国与世界的关系也面临着深刻的调整。西方学者有一种观点是从应对全球风险的角度来构建全球秩序（例如贝克的风险社会理论）。[①] 既然没有任何一个国家能够独立应对全球性安全风险，那么就应该在全球层面进行治理。西方的逻辑呼吁用全球民主来实现全球治理，实际上，这种逻辑有着内在缺陷。西方现

---

[*] 云国强，博士，北京语言大学人文社会科学学部副主任。
[①] ［德］乌尔里希·贝克，张文杰、何博闻译：《风险社会》，译林出版社2018年版。

代国际关系理论中的许多假设,特别是那些涉及国家主权与安全本质的假设,从根子上阻碍着全球治理和全球民主的实现。

中国提出了一种新的视角,即用人类命运共同体来描述全球秩序。人类命运共同体的全球秩序在实践上完全不同于西方逻辑,其最显著的特征是用中国价值塑造全球秩序。在实践上,它的方法论指针建立在两个论述之上:一个论述是四个自信(道路自信、理论自信、制度自信、文化自信),其中特别重要的是文化自信;第二个论述是十九大报告提出的"以我为主、兼收并蓄,弘扬中国文化",为我们的跨文化传播策略设定了指针。弘扬中国文化的目的不仅是要让世界了解真实的中国,更是要让中国智慧和价值能积极有效地参与建设一个更好的世界,在跨文化对话中促进世界多元文化的交流与理解,建构通达、互动、宽容的新文明,福泽全人类。

这个宏大的战略需要强大的跨文化传播能力作为保证。但是,我们也必须清醒地认识到:近代以来,中国文化的对外传播能力薄弱,中外文化交流历史上的不平衡导致当代中国文化跨文化传播的结构性失衡。作为世界经济动力的中国,也应该在文化和价值观影响上拥有相称的大国地位。笔者关于跨文化传播能力建设的几个思考就是从这种语境中逐步展开的。

一、如何处理中国价值与"西方普世价值"的张力

笔者的反思始于下述追问:当我们试图用中国智慧、中国价值来为新全球秩序提供合法化论述的时候,就必然面对一个极富挑战的问题——如何处理中国价值与"西方普世价值"的张力?

关键线索就蕴含在"文化自信"当中。文化是一个非常复杂的概念,它不仅包括作为生活方式整体的日常文化,还包括深层次的价值观念系统,人们凭借文化形成对社会现实的阐释和理解。文化维系着我们的观念和信仰,塑造着社会的等级体系和秩序,赋予个体和群体地位、

身份等。共同文化对于维持一个国家内部秩序至关重要，同时在国与国关系层面上，国际秩序的构筑也需要某种共同文化来维系。"西方普世价值"就是在西方主导的现代性进程中，随着西方现代文明全球扩张而逐渐确立起来的一套主导的价值观。现代性扩张的过程也就是这种"西方普世价值"和西方工业文明的优势合力塑造世界秩序的过程。

理解现代性的关键是传统社会和现代社会的二元对立。对于欧洲而言，现代性意味着从传统向现代社会的转型，它的动力被认为来自西方文明的内生过程，现代性是一种内生的社会变迁。马克思、韦伯、涂尔干等经典社会理论家从不同角度解释了现代性的发生与发展。

对于中国而言，现代性则被作为一种外源性力量。中国现代化的过程虽然展现的形式不同，但都是整个现代性进程的组成部分。传统社会和现代社会的二元对立在中国历史语境下逐渐凝结为人们观察中国现代化的两组框架：第一组是中国与西方，第二组是传统与现代。我们常常依照中国/西方、传统/现代这两个框架来构筑和讲述中国故事。

当讨论"中国是什么""我们是谁""我们将向何处去"的时候，我们通常会进入对应的两类"叙事"：第一类建立在中国与西方框架之中，中国的现代化就是从非西方的前现代状态，接轨西方然后西方化的故事；第二类讲述中国的方式立足于传统与现代的框架，中国的现代化就是从传统社会蜕变为现代社会的过程。无论哪一种讲述中国的方式——西化或者反传统，都依赖于别人的概念框架，透过别人提供的透镜、别人设置的视角来观察自己，组织中国与世界关系的认识。无论按照以上哪一种腔调，最终讲述的都会是一个故事，即当中国变得强大、屹立于世界民族之林的时候，中国就成了美国。实际上，这是一个可怕的故事，如果我们成了美国，那就意味着我们失落了自己的文化精神。与此同时，这又是一个不可能完成的故事，在"西方普世价值"的世界秩序里只能有一个美国，任何挑战都意味着对世界秩序的威胁。依赖于别人的概念、视角来认识自己，这就意味着对自身文化价值的不自信。

"文化自信"的深层意义就在于，我们对依赖于西方现代性的话语进行自我认识的状况，获得了某种自觉，我们尝试针对"我们是谁""我们要过什么样的生活"等问题，建立属于自己的视角，组织起独立的话语体系。"文化自信"的提出，并不是一个孤立的事件，而是长期反思催生的文化自觉的进一步深化。文化自信的核心是扎根于中国的传统、扎根于中国的生活世界，从价值层面积极开展"自我确认"。从中国文化传统建立概念框架，以中国文化的视角去重新理解中国与世界、中国与西方以及中国的传统与现代。近十几年来，中国社会科学界很多学者都在讨论培育"中国学派"，并且涌现出一批关于中国道路、中国模式等主题的论著，这些都是积极践行自我确认的理论建设。

现在笔者可以来尝试回答这个问题了：文化自信如何介入中国话语与"西方普世价值"之间的张力？答案就是积极地开展自我确认的话语实践。这种贯彻自我确认旨趣的话语实践必然是跨文化的话语实践。它根本区别于传统上基于不同文化比较的跨文化研究，那种将文化静态化、本质主义化的比较研究，不但无助于自我确认，相反可能导致毛泽东在20世纪50年代批评的"贾桂式的奴才心态"。

二、如何将我们的话语体系与世界人民的期待联系起来

笔者的第二个反思与"文化自信"密切联系。树立"文化自信"是为了更具进取精神地弘扬中国文化。弘扬中国文化不只是一个量化的信息覆盖或落地的问题，真正的关键在于通过弘扬中国文化，争夺并建立文化领导权。这就对跨文化传播话语体系建设提出了迫切的要求，具体来说就是我们有没有一套话语实践体系能将"中国梦"和"新时代中国特色社会主义"等论述与世界各国人民的期待联系在一起。

随着中国经济实力和综合国力的快速增长，世界各国都产生了了解中国的强烈愿望和需求。西方媒体为迎合这种需求，频繁地制作中国文化题材的作品。但它们对中国文化缺乏深入了解，甚至存在误解，导致

在对中国文化的表现上出现了大量扭曲。与此形成对照的是,中国各种"走出去"的传播策略虽然加强了对外传播的技术投入和渠道建设,然而在跨文化传播话语体系打造和能力培养上依然存在明显不足,无法让中国的声音真正地"落地生根"。因此,培育跨文化传播话语体系对于讲好中国故事,以及展现真实、立体、全面的中国,显得越来越迫切。

在西方人的想象中,中国常常被塑造成神秘、古老、封闭、缺乏现代文明之类的形象。例如,某些连国人都觉得压抑甚至变态的影视作品反而在西方国家引起轰动,为什么?因为这些作品迎合了西方人对中国猎奇的心理,这些以现代传播手段所表达的中国,非但没有向世界展现真实的中国,反而强化了西方人既有的想象。伏尔泰认为,用我们的习俗标准来评价中国的礼仪、习俗,将是一种极大的误会。要让包括西方在内的全世界都认识到,中国不仅拥有足以令他们汗颜的文明传统,而且也正在积极参与现代文明。[1] 笔者认为,对引领现代文明的西方人来说,我们通过有效的跨文化传播指出他们的错误更容易治愈他们的偏见。

在当下以及之前相当长的一段历史时期,我们的跨文化传播话语系统运作中存在着明显的偏差。先是简单地将内宣的方式运用于外宣,后来又意识到要同世界接轨而将外宣同内宣严格区分开来。其实,这样做的后果就是进一步强化了西方中心主义,并直接导致我们在跨文化传播实践上同西方的不平等或非对称。我们都承认西方发达、先进,但是否考虑过这种承认的"衡量标准"是什么?这个标准就是以工业、科技、市场为核心的现代化。但这是衡量社会文化发展的唯一标准吗?笔者认为绝对不是,文化自信也告诉我们不是。一个和谐的社会绝不仅仅是因为经济高度发达。西方发达国家为了巩固和维持人民的文化认同,通过"发明"来创造传统。因此,不要因为经济差距就断言社会落后。我们也拥有相对于西方的比较优势,那就是多元、深厚的文化传统。中国传统文化曾经作为典范,启发了许多西方著名思想家的创造力,甚至连启

---

[1] 参考[法]伏尔泰,梁守锵译:《风俗论》,商务印书馆2008年版。

蒙运动的核心理念也在某种程度上受益于中国文化的传播（例如18世纪法国思想界的"中国热"）。对于这些，我们不大力宣传，谁会知道？我们不高调宣传，又怎么能引来世界的关注？

此外，笔者还认为在跨文化传播中应该破除外宣和内宣的割裂状况。理由很简单，同得到世界的关注与尊重相比，得到全国人民的认同更加重要，通过有甄别地挖掘和弘扬传统，激发起人民的荣誉感和向心力才是一切力量之源。还有一点，工业化、市场化本身也存在很大的问题，例如环境污染、能源枯竭、生态恶化等，如何解决这些难题也是西方发达国家反思的重要问题，现在的一个基本共识是和谐与可持续发展，这不正好对应中国文化传统的基本价值理念吗？我们致力于追求中华民族的伟大复兴，固然需要工业、科技、市场等方面的发展，但更需要精神层面的伟大复兴。

基于以上思考，笔者认为我们跨文化传播能力的培育，需要在物质和精神两个方面加以强化。在物质层面，主要围绕五个要素展开能力建设：建设强大而富于公信力的传播机构、针对目标受众精心编码的信息、采取最合理并且确保效果最优的传播媒介、对受众及其文化环境定位要准确、及时获取反馈并能准确地做出传播效果评估。中国的声音想要有效地落地，我们需要的不仅是用一口纯正的英语来对外讲述中国故事，而是中国视角下的多声道和声，以打破当前国际传播的单声道垄断。

在精神层面，必须强化自我确认基础上的文化自觉和文化自信。在跨文化传播实践中，我们必须保持自主性，努力寻求为世界提供中国价值，维护文化多元共生、多种声音的一个世界，而不是一味地迎合或被强行纳入那种所谓"西方普世价值"系统中去。

三、如何想象和建构网络与社交媒体环境下的跨文化传播系统与实践

世界正经历着重重危机和变局。气候变化、能源短缺、全球贸易争

端、局部地区战祸频生等诸多态势，日益彰显后冷战以来单极化世界秩序的脆弱与不合理。无远弗届的新媒体技术似乎带来了凝聚共识的"一丝光亮"，但消除了边界的新媒体技术却充当了地缘政治的武器资源或者引爆了民族内部族群冲突。同时，新媒体技术带来"后真相"的阴影，使得谋求共识变得更加艰难。在单极化全球秩序框架内，试图在局部分别解决问题的尝试一再失灵。历史教训一再昭示：我们需要的不是修墙补漏，而是要从人类命运共同体的角度出发，寻求秩序和实践创新，蓄积关于未来、关于共识、关于另类世界的想象资源。中国改革开放以来的发展表明，中国文化拥有的自我更新能力应当为世界贡献更多宝贵经验。笔者关于跨文化传播能力建设的第三个反思由此形成：如何建构网络与社交媒体环境下的跨文化传播系统与实践？

中国在对外话语体系创新的探索上，应该充分利用媒介融合的潜力，在国际传播中破除外宣和内宣的割裂状况。前面笔者讲到，与得到世界的关注和尊重相比，得到全国人民的认同同样重要。如果说传统媒体之间的技术差异制造了不同媒体形态之间的机构壁垒，那么新媒体则为克服外宣和内宣的割裂提供了可能性，也为在本土和全球双向协同运行的跨文化传播系统的建立提供了可能性。

在当下社会经济发展阶段，社会分化和文化差异是不可避免的现象。中国历史悠久、地域广阔、社会构成多元，随着现代化和社会流动的增强，文化认同与群体身份之间的差异与冲突越来越凸显。主流商业媒体因其逐利的属性，自然会更加积极地服务于都市中产阶级以上的阶层和推广他们的文化与观念。

我们跨文化传播话语体系的建设和创新不应仅仅以本位主义姿态去思考如何对外国人讲述中国故事，还应当致力于打造一种广泛汲取和包容进步的文化与社会运动，将自身的政治论述（比如"中国梦"、社会主义核心价值观、绿水青山、反腐败等）与那些进步的文化价值联系在一起，形成相互建构、相互促进的公共话语。居于这种公共话语核心位置的，是与新型团结共生的价值观。

在全球和本土双向协同运行的传播系统中，通过创造性的跨文化传播工作使进步的文化和中国文化价值观有机地结合起来。一方面，通过强有力的宣传工作再铸党内团结，继续以群众路线强韧全社会、全民族的团结；另一方面，以人类命运共同体为经纬组织起来的公共文化，又将成为实现国内人民和国际友华力量全面团结的关键所在。

因此，新媒体时代条件下跨文化传播话语体系创新应该是这样一种创造性实践：扎根历史并面向未来，通过与消费主义、市场化的所谓主流文化争夺文化领导权，努力将"中国梦""社会主义核心价值观""道路自信"等积极的中国话语所蕴含的精神内涵与国内外广大民众的期待、想象和价值观联系在一起。

用一句话概括如何建构网络与社交媒体环境下的跨文化传播系统与实践这个问题，笔者的思考是：应当以新媒体技术创新为契机，将对外传播（外宣）和对内传播（内宣）相融合，实现全球与本土双向协调运行的跨文化传播话语体系。

综上所述，随着全球秩序体系内部矛盾的加深，中国面临的国际环境也越来越复杂，许多重大的理论与实践问题有赖于对外话语体系的创新和跨文化研究的推进，如信息时代新媒体技术的发展与跨文化传播格局、跨国文化传播对国际关系的影响、中国文化跨国传播对全球经济与文化关系的影响、跨文化传播引起的新全球性问题等。所有这些问题的解决，都要求我们打造具有强大竞争力的对外话语体系，在提高中国文化跨文化传播能力，增强国家软实力方面起到积极而富于建设性的作用。在新的历史条件下，对外话语体系建设与创新关系到中国的跨文化传播能力，不仅关乎中国的国家利益、国家形象和国家安全，而且关系到改革开放和社会主义现代化建设的前景。

第十章　正本清源，赋能公共外交

毕研韬[*]

[**本章导读**] 中国要实现民族复兴大业，就必须全力提升对全球环境的塑造力，而公共外交就是一个较新的影响力运载工具。公共外交是英文 public diplomacy 的汉译。在英文中，public diplomacy 是指针对外国公众和舆论制造者（opinion makers）的公开信息活动；而在汉语中，"公共外交"具有一定的歧义性。毋庸讳言，中国实施公共外交的最大障碍是落后的理念和僵化的机制。唯有重塑传播机制——更新传播理念，重构官民合作模式，建立高公信力的多元传播渠道，确立科学的对外传播指导原则，中国的公共外交才能有所作为。但困难之处在于，得首先有人指出问题，竖起靶子以供讨论。

在开篇之前，先讲一个真实的故事。笔者在某国调研时，一位当地"中国通"用中文询问："你是体制内的人吧？"因出乎意料，且出于好奇，我反问道："你为什么这么认为呢？"他说："海南大学是中国政府出资办的学校，所以你是体制内的学者。"说实话，以前我从未考虑过这个问题。这番问答让我意识到他对体制的界限十分敏感，想必这对他具有特别的语境意义。

---

[*] 毕研韬，海南大学政治与公共管理学院教授、战略传播专家。

一、公共外交概念辨析

据笔者检索，英文"公共外交"（public diplomacy）最早出现在1856年1月的《伦敦时报》（the London Times）上，但当时其内涵约等于今天的"社交礼仪"。现代意义上的"公共外交"是美国前外交官埃德蒙·古里恩于1965年提出的，其定义是：公共外交就是塑造（外国）公众态度以影响其外交政策的制定与实施（Public diplomacy deals with the influence of public attitudes on the formation and execution of foreign policies）。这个定义与"9·11"之后开始流行的战略传播相当密切，所以美国战略界常把公共外交与战略传播并列。

《美国国防部军事术语词典》（JP3-07.3）对"公共外交"的界定包含两个层面：一是"美国政府旨在促进实现美国外交政策目标的国际公开、公共信息活动，包括理解、告知和影响外国受众和意见生产者，扩大美国公民与机构和外国公民与机构间的对话。"这个定义与我们熟悉的公共外交经典概念较为吻合。二是在和平建设中，非军事机构（civilian agencies）通过公共事务和国际公共外交活动来促进对重建努力、法治和公民责任的理解，其目标是推动对和平建设的认同。第二个层面的概念是当代美国及其盟友发动战争、推动和平的产物。

综合上述定义和其他相关文献可知，公共外交的内涵至少包括如下四个要素：其一，公共外交的施者是政府机构；其二，公共外交的受者是外国公众（尤其是意见生产者）；其三，公共外交的目标是保障本国外交政策之贯彻；其四，公共外交的实施路径是影响关键对象之认知和态度，进而影响该国外交政策的制定与实施。由此看来，英文 public diplomacy 完整准确的汉语翻译应是"（一国政府）面向他国公众的外交"。现在汉语译为"公共外交"虽然简洁，但并不明了，而且颇具歧义。有人从汉语"公共外交"字面理解，认为公共外交应包含两个方向相反的信息活动：一是政府面向外国公众的外交活动，二是公众面向外国政府和民众的信息活动。换言之，在公共外交中，the public（公众）既可以是受者，也可以是施者。笔者个人认为，这个理解无关公共外交的中国化或本土化，而且如此扩大化理解会混淆"公共外交"与"民间外交"，在学理和实践两个层面或许会造成不必要的困惑。对此，笔者想强调一点：公共外交中的信息活动是政府主导的，所谓民间主体不过是表象和掩护。换言之，上述"双向说"中，后者是前者的子集。从这个意义来说，公共外交的概念是清晰明确的，它的内含和外延都没有歧义。

二、公共外交的使命

公共外交的主要使命是什么？美国学者汉斯·塔奇认为，公共外交就是指"政府塑造海外传播环境的努力，目的是减少对美国外交政策的误读和误解，进而避免美国和其他国家的关系复杂化"。在实践层面，建立关系和信任远比传递信息、影响他人重要，这是战略传播的一条基本原则。简而言之，重塑传播环境的关键就是提高可信度。因此，美军《战略传播指挥员手册》强调：外派军队与驻在国机构和民众接触时，第一要务是让对方了解你是谁、来做什么，而不是匆忙传递观点。由此可见，中国公共外交亟需对照反省。

一个国家任何一个方面的优势如果不能及时转化为信息优势，就无助于国家战略目标的实现。比如"一带一路"倡议，它的动机是好的，结果可能也是好的，但如果我们的善良动机和预期结果不被相关国家认同，"一带一路"倡议推进过程中遇到的各种麻烦就会增多。我们知道，对任何文本的解读在理论上都存在三种倾向：一是"理想式解读"：你说什么，我信什么。最糟糕的是"对抗式解读"：你说的任何话我都反对。在这两个极端之间是"商榷式解读"：对的就接受，错的就反对，不为反对而反对，也不为支持而支持。究其本质，"一带一路""人类命运共同体"等都是连续性文本，外部世界会如何解读取决于中国对全球传播环境的塑造能力。

三、公共外交的实施路径

从作业流程看，公共外交的实施可大致分为三个环节：影响目标受众的认知和态度→影响目标国家外交政策的制定与实施→促进国家外交政策利益。如图10—1所示：

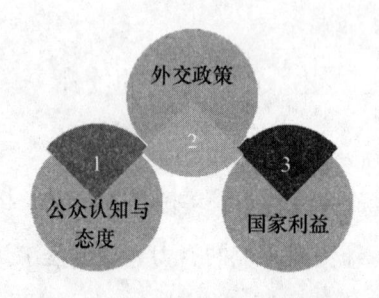

图 10—1　公共外交运行机理

资料来源：该图由笔者自行绘制。

由此可知，公共外交发挥作用的前提是民意能够影响该国外交政策的制定和实施。如何才能有效影响呢？一方面要全面了解公共外交的作业环境，另一方面要科学实施公共外交。美国学者尼古拉斯·J.卡尔认为，公共外交实践包含五大要素：倾听、倡议、文化外交、交流项目和国际广播。笔者认为，其中最关键的环节是倾听与理解，换言之，就是了解作业环境，这是有效实施公共外交的一大前提。作业环境可大致分为两大块：一块叫人文环境，其是相对静态的，包括历史、政治、经济、社会、宗教信仰、价值观等维度；另一块是人类动力系统，这是社会发展进化的根本动力，包括目标人群的欲望、恐惧、各类冲突和矛盾等。

在各国政府国际公信力持续衰减的背景下，出路之一是建立和完善

```
        作业环境
       /        \
   人文地形    人类动力系统
```

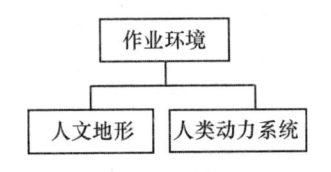

图 10—2　作业环境结构图

资料来源：该图由笔者自行绘制。

多元化的对外传播体系，使之彼此呼应，相互背书，形成合力。应该认识到，各国市民社会（civil society）之间的深度持续交流是对传统外交的必要支撑和有益补充。当然，这需要更为完善的战略传播理论的指导。很大程度上可以说，在当前的国际政治生态中，能否充分调动和有效整合民间资源，已成为衡量国家综合国力的一个重要指标。

大家都知道语境对于意义生成的价值。在学校里，上课的铃声和下课的铃声通常没有质的区别，那师生们又怎么判断是上课还是下课呢？很简单：如果正在上课，听到的铃声就是下课；如果正在休息，听到的铃声就是上课。也就是说，铃声本身是没有固定意义的，铃声的具体意义取决于铃声响起时的情景。已被符号化的"一带一路""人类命运共同体"同样如此。对它们的认知和态度，在很大程度上取决于与利益相关者的关系：你和我的关系好，理解就可能是正面的，反之就是负面的。关系第一，观点第二，这是有效开展公共外交的原则。如果对方不认同你，那就有可能导致你说得越多，做得越多，误解就越多，隔阂也就越大。这就是传播学上的"不可沟通性"（incommunication）。

四、创新公共外交运行机制

由于某些原因，目前中国的国际生存空间遭到压缩。何以突围？策略之一是全民动员，深度整合民间资源，空前倚重公共外交。可以毫不夸张地说，如果不充分释放内部潜力，就难以抵御外部风险，实现民族复兴大业。但要赋能公共外交，首先就要赋权公共外交。具体来说，至少要建立如下运行机制：

其一，建立科学的决策—执行关系机制。专业的事让专业人士去干，决策者不介入执行环节，这既是尊重科学、尊重规律的具体体现，也是成功实施公共外交的另一前提。人世间不存在无所不知、无所不能的"神人"。决策前要以公开或非公开方式举行数轮论证，以避免被有意或无意地误导，这是必须汲取的教训。

其二，建立讲真话、讲实话的健康政治文化。为此，一方面，要建立机制严厉惩处欺上瞒下、弄虚作假、知情不报者。另一方面，对拟采纳的建议，要尽量在适当范围内提前公示，尽可能地广泛听取意见，这是国际惯例。

其三，信任民间力量。如何扭转在全球信源竞争和文本竞争中的不利局面？赋权、赋能民间组织和个人，这是无法回避的选项。美国在2010年的国家安全战略中提到，美国人民和非营利组织是国家实力的八大支柱之一。另外，在政府力量不能或不便介入的地方，民间力量可率先入场。

其四，建立结果导向评估制度。传播作业过程中，技术正确和政治正确同等重要，二者不可偏颇。如果技术上不正确，政治上就不可能正确。现在欧洲、美洲和澳洲都出台了反制外部战略传播和政治渗透的法案，这显然与某些非西方国家事与愿违。

其五，努力扩大共通的意义空间。当今世界，信息需求侧已发生巨变，而很多国家的信息供给侧还在原地踏步，甚至出现不同程度的倒退。中间这个鸿沟在日趋扩大，遗憾的是决策者至今还未能认识到这个困境。正确地开展公共外交，有助于扩大有效信息的供给。

最后强调一点，不要简单地认为指挥民间参与对外传播就能改善国家形象。著名国家品牌专家西蒙·安霍尔特指出，一个国家形象的提升80%靠创造性工作，15%靠系统性协作，传播的贡献率只占5%。因此在一定程度上，提高国家影响力和软实力的唯一路径是提高人民的幸福感。精英们应该明白，在特定时空区间内，信息流量过大或过小，都会损害该地区的稳定和发展。英文单词"astroturfing"，原意是指人工草坪，在传播学上，是指某些观点表面看是自发的，但事实上是人为操纵的。一旦真相被揭穿，修复成本极高甚至是根本不可能的。这是在开展公共外交时应该铭记的原则。

第十一章　公共外交话语能力的内涵

——对公共外交语言能力的新认识

张延君[*]

[**本章导读**] 新时代公共外交的发展需要大量具备跨文化交流素养的新型高级人才，近年来有关公共外交人才培养的研究日益增多，从目前的研究文献看，关于公共外交能力尤其是公共外交语言能力的研究还比较少。本章拟借用功能语言学、话语研究、跨文化交际学、外交学等理论，对"公共外交语言能力"的内涵进行梳理和思考，在此基础上，提出"公共外交话语能力"这一概念，并对其内涵进行探讨。本章参照国家外语能力理论框架，将"公共外交话语能力"划分为五个互相影响、协同作用的组成部分，即公共外交话语战略事务管理能力、公共外交领导人话语能力、公共外交机构话语能力、公共外交媒体话语能力和公共外交话语外译能力等。

习近平总书记指出，"一个国家文化的魅力、一个民族的凝聚力主要通过语言表达和传递"。在当今世界多极化、经济全球化、文化多样化、国际关系民主化的时代背景下，人与人沟通很重要，国与国合作很必要，而语言则是实现沟通和合作的重要工具。公共外交作为政府外交

---

[*] 张延君，博士，外交学院英语与国际问题研究系教授，研究方向为功能语言学、话语研究、写作研究、翻译研究。

的重要组成部分，已经上升到国家战略高度，也是中国发展的重要保证，正成为国家外交决策中的重要环节和因素。公共外交跨学科构建还是一片崭新的领地，呼唤大量具备国际视野、战略眼光、跨文化交流素养的新型高级人才。近年来有关公共外交建设的讨论日益增多，涌现出不少课题和成果。从目前的研究文献看，关于公共外交能力尤其是公共外交语言能力的研究比较少。

"公共外交语言能力"这个概念的内涵与外延非常丰富，从不同的研究兴趣、不同的学术背景以及不同的研究目的，学者们会选择不同的角度对其进行探究。但无论从何种角度研究，研究者都必须对这一概念给出清晰的定义，并依据所给的界定探究公共外交能力建设的核心问题。本章拟借用功能语言学、话语研究、跨文化交际学、外交学等理论，对公共外交语言能力的内涵进行深入思考，在此基础上，尝试着提出"公共外交话语能力"这个概念，并对其内涵进行探讨。

一、语言与国家战略

在全球政治多极化、经济一体化的浪潮下，文化软实力建设已经成为全球竞争新的制高点。许多国家都将语言作为软实力的重要组成部分纳入国家战略，同时语言也作为外交实践的一部分而起着越来越重要的作用。语言对于一个国家来说，具有推动国际贸易的"经济价值"、处理国家之间外交事务的"政治价值"、传播各国文化传统的"文化价值"等。如何发挥语言在中国软实力建设中的作用，已成为重大的时代命题，需要深入研究和积极实践。

美国、法国、俄罗斯等西方国家都极其重视语言在国家战略中的作用，例如语言的"安全价值"等。他们从战略高度，对语言资源建设和语言研究投入了大量的人力和物力，美国在这方面的投入尤为突出。2001年"9·11"事件后，美国政府深刻认识到国家语言能力不足对国家安全的威胁，从美国总统、政府各级部门到学界语言政策专家，各方人员全面出动，为国家语言能力的提升出谋划策：一方面，培养国家急需的语言人才；另一方面，提高语言信息处理能力和翻译能力。语言服务于国家安全战略已成为美国语言研究的一个基本特征。①

中国政府和学界基本是将语言视为公民素质、学校教育的一部分，将语言研究视为学术研究的一个分支。语言学界学者们的研究大多着力于学科本身，对于语言研究对国家战略、国家安全、外交与公共外交等的重要性重视不够。近年来，有少数语言学学者在从事这方面的研究（例如文秋芳、王建勤、戴曼纯、戴冬梅等）。2014年7月，国家语委批准在北京外国语大学成立"国家语言能力发展研究中心"。但总体来看，语言与国家战略的研究成果还比较少。

二、从语言能力到话语能力的"话语"转向

瑞士语言学家索绪尔（1959）② 从社会语言学视角提出了"语言"和"言语"（Langue/Parole）这对概念。前者指某个语言社区共享的语言规则体系，其中包括语音、词汇、语法等；后者指人们对共享语言规则体系的应用，可用于口头交际和笔头交际。美国哲学家乔姆斯基（1965）从心理学视角提出了"语言能力"和"语言应用"这对概念（Competence/Performance）。前者指个人在理想化条件下，大脑应该具备的语言知识以及相应的语言理解和产出能力；后者指在现实生活中人的语言交际行为，或者指人运用语言做事的实际操作能力。这两位语言学家从不同视角提出了两对不同概念：索绪尔强调语言社区的约定俗成规范及其言语表现，乔姆斯基关注人脑中语言知识表征和外化行为。但他们有一点是共同的，即在日常生活中，"语言"和"语言能力"是形成语言实际应用的基础和前提，其本身不能发挥真实交际功能，只有

---

① 文秋芳、苏静、监艳红：《国家外语能力的理论构建与应用尝试》，《中国外语》2011年第3期，第4—10页。

② ［瑞士］索绪尔，张绍杰译：《普通语言学教程》，商务印书馆1980年版。

"言语"和"语言应用"才能衡量人们的交际需求是否满足、交际策略是否恰当、交际是否成功等。

索绪尔和乔姆斯基都将语言系统确立为他们的研究对象,他们的语言体系都完全排除了语境和语言使用者(说者和听者)。苏联结构主义符号学的代表人物巴赫金(1986;1998)①却认为言语才是语言的实际存在方式。他提出超语言学的研究方法,从而区别于索绪尔的纯语言学。巴赫金高度强调语言的交际功能,将自己的注意力集中于使用中的语言,即话语(discourse)。他将"话语"定义为"说话者与听话者相互关系的产物","连接我和别人的桥梁"(Bakhtin, 1998: 436)。他强调符号的社会性和交际性。他认为,"话语的涵义完全是由它的上下文语境所决定的。其实,有多少个使用该话语的语境,它就有多少个意义"(Bakhtin, 1998: 411)。他还认为,符号的评价涵义不是来源于词典,而是来自具体的语境上下文,来自此前的其他语篇和语境。

"语言"和"话语"这两个概念代表着两种不同的语言哲学视角:索绪尔的语言观和巴赫金的话语观。20世纪以来,"话语"概念的出现和语言学研究的"话语"转向为人们理解语言与话语之间的关系注入了新的血液。话语并不涉及陈述与论说的具体形式和语言规则,而是更多地从内容性与文化性上被认可,它伴随语言学的发展而逐渐为其他学科领域所重视。

三、公共外交话语能力的内涵与构成

基于"语言""言语""话语"等概念的讨论,本章认为,如果对"公共外交语言能力"的界定只停留在"语言"层面,而不涉及"言语"和"话语"层面的内容,那么即使我们拥有了对语言资源的管理能力、掌控能力、创造能力、技术开发能力以及拓展能力等,也不代表

---

① Bakhtin, M. M. Speech Genres and Other Late Essays. Emerson, C. & M. Holquist (eds.), McGee, V. W. (trans.). Austin: University of Texas Press, 1986.

我们国家的外交利益能得到有效维护、国家形象能得到恰当建构、国家地位能得到明显提升，因为这些目标的实现需要公共外交话语的有效应用。目前，虽然已经有不少学者从中国话语体系的角度探讨不同类型话语的体系、特征以及成效，但还没有研究将相关内容纳入公共外交能力框架中统一考察，也缺少对公共外交话语能力的系统思考和描述。

本章尝试将公共外交语言能力分为两个层面：一是语言和语言能力，二是言语和语言应用。如果采用直译，前者译为"语言内在能力"，后者译为"语言外化能力"。笔者将前者称为"语言资源能力"，后者称为"话语能力"。前者是后者必要的基础和前提，无此基础，"话语能力"只能是空中楼阁；如果没有后者，前者也起不到应有的作用。从本质上说，这两者同等重要，相互联系、相互依存、缺一不可，但唯有"话语能力"才是检验国家战略相关的语言事务处理是否有效的评价指标。

目前学界已经有"中国外交话语体系"这个概念，但对"中国公共外交话语体系"尚没有明确的界定；"外交话语能力"的说法也有，但同样没有明确的界定。按照"话语"的涵义，外交话语能力强调的是外交话语体系的运用能力，从这个角度来说，"外交话语能力"比"外交话语体系"涵盖的范围更加广泛。目前，对国家话语体系的研究大多注重这一体系的政治性、思想性、民族性和稳定性等，较少关注其交流沟通的特征。外交话语体系的运用要取得应有的效果，必须因国而异、因时而异，因此对外交话语能力的研究除了关注话语体系本体研究外，更应注重话语体系运用的动态性、情境性、对话性、多模态性和有效性等特征。也就是说，在交流中要充分考虑到宣传时机、国际环境、对象文化环境、对象所处立场、对象思维方式等语境因素，并利用这些因素使我们的公共外交效果最大化。中国公共外交话语能在多大程度上实现话语权，需要具体考察其是否进入并影响国际社会的议题设置，得到国际社会的认同。一般认为，影响话语效果的主要变量有：话语主体（谁说）、话语客体（对谁说）、话语内容（说什么）和话语平台（如何说），中国公共外交话语能力建设需要围绕这几个方面进行深入考察。

参照国家语言能力和国家外语能力的理论框架,[①] 本章将公共外交话语能力划分为五个组成部分:公共外交话语战略事务管理能力、公共外交领导人话语能力、公共外交机构话语能力、公共外交媒体话语能力和公共外交话语外译能力。这五种能力互相影响,协同作用,共同维护国家外交战略利益,提升国家的国际地位,扩大中国的国际外交话语权。每种能力都直接或间接地与中国公共外交人才培养有关,其中与语言和话语研究关系比较密切的是后三种能力,即机构话语能力、媒体话语能力、话语外译能力,这三种能力也是公共外交话语能力培养的重点。

(一)机构话语能力

自20世纪70年代,机构话语逐渐成为国外话语分析领域的研究热点之一。机构话语并不简单地指在机构内部使用的话语,而表明机构不是独立于话语之外的客体,它只有在话语实践中才能存在,是置于社会、历史、政治和经济潮流中的物质的话语实践集合体,也就是说,话语是机构成员借以构建客观社会现实的重要手段。具体来说,机构话语能力是指公共外交事务的相关机构运用语言宣传国家对内对外政策,处理国内外战略事务的能力,这些能力主要体现在各种新闻发布会讲话、各种公共外交活动讲话等体裁中。[②] 话语和体裁是构成机构话语秩序的基本成分,不同机构话语和体裁的交错使用所带来的是语篇的互类性和机构话语秩序的重新构建。[③] 这些内容需要在公共外交话语能力培养中通过具体的语料进行深入研究。

(二)媒体话语能力

媒体话语能力是指由政府机关负责的纸质媒体、广播、电视、新媒

[①] 文秋芳、苏静、监艳红:《国家外语能力的理论构建与应用尝试》,《中国外语》2011年第3期,第4—10页。

[②] 孙咏梅、徐浩:"机构话语研究述评——研究现状、研究意义与展望",《北京科技大学学报(社会科学版)》2013年第1期。

[③] 徐涛:"机构话语的'越界'",《外语教学》2006年第3期。

体等,传播国家对内对外政策和处理公共外交范畴内事件的能力。① 中国大众传媒虽然主要是以本国国民为受众体,但是在全球化的驱动下,其国际化程度正在日益加强(Shi-xu,2005)。从这个意义上看,当今所有的中国大众传媒都有全球化的一面。由于中国文化的特殊性,中国的跨文化传媒活动可以看作是世界文化中一种特殊话语形式,作为东方文化的一部分与西方文化形成互动和竞争,它的一个重要特点是抵御美国等西方国家的国际霸权。国内这方面的研究成果颇丰,媒体话语研究已成为一个新的领域。作为公共外交话语能力的必要因素,媒体话语能力也应纳入公共外交能力的框架中,力图构建带有中国特色的媒体话语,关注具体的、细微的、实实在在影响国际舆论乃至国际秩序的话语动态过程、话语语境、话语策略等。

(三) 话语外译能力

话语外译能力是指将领导人、机构和媒体话语翻译成其他国家文字的能力。外译能力在外交话语体系建构中起着越来越重要的作用。例如在中国的战略性外交话语中,西方常常把"韬光养晦"翻译成"战略欺骗",如果提前对受众特点进行细致分析,主动给出权威翻译,就可有效地减少因文化差异或语言隔阂所产生的误解。近年来的中国政治话语与过去的话语有较大差异,形成了极具特色的新型政治话语。这类话语文风清新、语言朴实、内涵深刻,将"高大上"的施政理念化为"接地气"的日常语言,并展现出个人话语风格。作为政治话语的一部分,公共外交话语如何通过翻译准确宣传中国,拓展中国特色政治话语体系,是翻译能力培养所面临的重大课题。传统的外交话语研究强调其模糊性语言特点,但近年来中国外交语言的清晰度越来越高,这是由中国自身大国责任担当意识和国际社会对中国立场认可等因素决定的。符合中国国情,有鲜明的中国特色,又要与国外的话语体系对接,是我们

---

① 施旭:"媒体话语中的文化制衡——中国理论与实证分析",《新闻与传播研究》2006年第3期。

外译能力培养的重要任务。①

四、对中国公共外交话语能力建设的思考

随着中国在政治、外交、贸易等方面国际交往的日益增加，我们越来越需要语言这一交际工具。如果我们的语言研究只集中在它的语法细节上，而不关心这种语言的命运及其相关因素，那我们的研究就失去了显示意义。中国语言学研究要与国家命运共患难，与中华民族伟大复兴的目标相结合。目前，公共外交话语能力建设还存在一些问题，还有很多工作需要做。从语言学角度来思考，以下两个方面的研究需要进一步加强。

（一）加强对不同公共外交话语体系的话语策略研究

目前对外交话语体系以及公共外交话语体系的研究多数为宏观层面的思考，这些宏观层面的思考对于我们提高公共外交话语能力建设有一定的价值，但缺乏操作层面的参考方案，我们需要系统的实证研究，细化公共外交话语体系的内容，深入了解不同国家的价值观和话语表达方式，语言学理论更适合完成这一任务。按照英国语言学家韩礼德的系统功能语言学理论，语言有概念、人际和篇章三大元功能。② 从概念功能来说，我们首先要解决中国人应该"讲什么"的问题，即什么样的内容才符合中国的国家战略利益，才能够构建出我们希望的中国形象；从人际功能来说，我们需要深入思考在国际社会中，中国应以何种身份来说话，如何处理与不同国家或地区的关系；从篇章功能来说，我们要弄清楚不同国家所喜欢的话语方式是什么，究竟有哪些文化差异和语言隔阂，这样我们才能做到"国国有别""区区有别"。

---

① 黄友义、黄长奇、丁洁："重视党政文献对外翻译，加强对外话语体系建设"，《中国翻译》2014 年第 3 期。
② Halliday, M. A. K. An introduction to functional grammar, Edward Arnold, London, 1994.

我们不能用同一种话语内容和话语方式与不同国家或地区打交道。让中国声音传播出去，并能产生影响力和引领力，我们必须既要从大处着眼，又在细节上下功夫，这个细节上的功夫就是要基于大量实证研究获得结果。我们可以利用高校多语种、多学科的优势，组成跨院系、跨学科的研究团队，从实证的角度具体分析不同国家或地区外交话语的内容和表达话语的方式，力图在比较的视角下打造融通中外的新概念、新范畴、新表述，讲好中国故事，传播好中国声音。

在了解别人文化的同时，我们还需要探讨传播中国核心价值观的话语策略。关于公共外交话语能力中"讲什么"的问题，最为核心的是国家核心价值观，它是一个国家的灵魂之基、精神支柱、理想追求，应该融入国家层面的一切话语中，代表着国家形象，体现着国家政治立场和态度。党的十八大倡导的中国社会主义核心价值观分为三个层次：国家、社会和个人。对于中国人民来说，不同层次的概念可以解决不同问题。然而，在国际交流中，我们应该内外有别，需要对这些概念进行进一步提炼，落实到语言表达层面，让国际社会好懂、好记、好接受。提炼出来后还要解决如何翻译和传播的问题，只有有效地向外译出，才能为世界人民所了解、所理解、所接纳。

（二）加强新型专业语言人才和复合型人才的培养

根据国家"一带一路"的建设需求，中国需要加大培养专业型人才的力度，并努力提高人才质量。新时代要求注重人才培养的创新转型，加强语言专业人才的综合性培养，加强政治、文化、历史、地理、法律以及管理等方面的教育，以适应在国际交往中的国别化、区域化综合性语言人才需求，而这些要求已经超出传统的语言教育范畴。同时，我们需要整合和构建"语言+专业"或"专业+语言"的复合型人才培养模式，强化语言能力/话语能力培养与各种专业技能（例如外交、经贸、法律等）培养的紧密结合，培养兼具过硬的语言能力/话语能力和某种专业技能的复合型人才，以适应更加多样化的国际化人才需求，更好地理解异域文化，传播中国文化。这方面的理论和实践都需要进一步摸索，构建有效的培养模式。这种模式不是简单地讲授知识，而是采取以某些语言课程为核心的课程群来实施外语教育，培养学习者全面的外语能力和综合人文素质。

综上所述，公共外交能力建设是一个方兴未艾的领域，有其鲜明独特的话语特征。公共外交话语研究既需要沿用话语研究的理论和方法，也需要借用多学科、跨学科的理论与方法，比如语言学、话语研究、国际政治语言学、跨文化交流学、心理学、传播学等。作为哲学社会科学研究者和高校教师，我们应该积极承担建设公共外交能力的课题，为提高中国话语能力做出积极贡献。提升语言研究服务国家的意识已经成为时代发展的迫切需求，我们需要重新认识语言研究对于国家战略的重要价值，重新理解语言研究对于维护国家利益不可或缺的作用。无论是文化传播交流，还是文化国际影响力的提升和国家话语权的争取，甚至是国民素质和国家人力资源水平的提高，都需要发挥语言的重要作用。

第十二章　讲中国故事要有受众意识[*]

陈雪飞[**]

[本章导读] 受众是传播的关键。传播学中的有限效果理论强调了受众在传播过程中的主动参与，开启了学者对"受众需要与满足理论"的探索。要实现传播效果，自然要考虑到受众的参与权，它主要表现为受众对信息的不同传播形式（比如声音、文字、图像），以及传播内容的偏好。在很大程度上，这种偏好遵循韦尔伯·施拉姆提出的公式：选择的或然率＝报偿的保证/费力的程度。因此，要吸引受众，我们提供的信息最起码应符合"满足需要"和"接收便捷"的标准。

一、满足本土化的需求

首先，要满足本土化的资讯需要。只有了解并满足受众的需求，我们所传递的信息才有可能被选择。受众的需要千差万别，但并非无规律可循。熟悉可以提升亲和感，人们倾向于选择熟悉的事物。那什么是受众熟悉的？自然是与他们有关的。与他们相干的，更容易变成他们的兴奋点。有学者归纳了海外受众的几大整体特点，大多数受众只关心与自己有关的国内事件，即使关注国际问题，关注的也是直接与自己的利

---

[*] 原文刊发于《社会观察》2015年第6期，本文略做修订。
[**] 陈雪飞，外交学院外交学与外事管理系副教授、公共外交研究中心主任。

益、与自己的国家安全有关的事件。一如 CNN 国际台总裁克里斯·克拉默所言："旅居海外的美国人只是 CNN 国际台的 1.5%，98.5% 的外国观众要求我们的节目跟他们的生活相关。"

迄今为止，我们对外传播取得了不少成就。新华社海外分社遍布全球，可以同时用英文、法文、西班牙文、俄文、阿拉伯文和葡萄牙文发稿；中央电视台的中文国际频道、英语频道、西班牙语法语频道的信号也遍布五大洲。但问题在于，有些地方我们只是"落地"了，却未能"入户"。其原因在于，我们急于把自己认为优秀的内容传递出去，但没有找到有效的方式增强亲和力。有研究指出，中国电视台的国际频道在非洲市场受限的一大原因就在于节目缺少"非洲"、缺少"非洲视角"。而像 France24、BBC、CNN 等在非洲较有人缘的电台，都能较好地提供非洲当地资讯以及有关非洲文化的节目。中国国际广播电台的一项调查还发现，不少受众选择外国频道的原因，是希望能在其中看到有关两国双边关系的讯息。这些调查表明，对外传播需要多从本地化的视角出发，设置新闻议程和信息内容，先告诉对方"他们想知道的"，等人家选择了我们，才能有效地去说"我们想让他们知道的"。

其次，要满足本土化的民生需求。在"走出去"战略的推动之下，中国企业对外直接投资规模不断扩大，已经在全球投资中占据越来越重要的地位。截至 2013 年，中国境内投资者已对全球 156 个国家和地区的 5090 家境外企业进行了直接投资，非金融类对外直接投资已累计实现 5257 亿美元。正是在这个布局之下，中国故事不能再仅仅满足于在后台说，还要走到前台去做，也就是直接行动。做得好，自然就能吸引受众的目光，成为信息焦点。这尤其体现在我们的跨国企业在当地所承担的社会责任方面。跨国企业作为中国形象的重要组成部分，为当地人提供满足民生的公共产品，成为在第一线展示中国故事的"实践家和代言人"。

中国路桥在印尼修建泗马大桥的时候，免费为当地医院维修道路、为村庄改建供水管道、修建小学、开办露天影院等，为中国赢得了极高声誉。《印度尼西亚商报》《印尼国际日报》《爪哇邮报》《雅加达日报》等竞相报道泗马大桥的"中国元素"。中石化在伊朗通过开办技术培训班设计"我们的场所"（OUR PLACE）青年发展社会责任品牌项目，在教育、医疗、社区关系和环境等方面提供无偿援助，资助阿达克斯基金会等，为中国积累"人气"。而中石化与伊朗的合作通常能获得伊朗国家电视台、伊朗国家英文电视台、法尔斯通讯社、麦赫尔通讯社和《德黑兰时报》等多家伊朗媒体的"声援"。

满足本地化的需求，正是为了提高施拉姆选择或然率公式中的分子——报偿的保证，当受众获得的报偿越大，分子越大，选择相应信息的可能性也就越大。

二、提供便捷的渠道

"接收便捷"指向的是选择或然率公式中的分母——费力的程度。显而易见，受众感到越费力，分母越大，他们选择相应信息的可能性就越小，所以要为受众提供便捷的信息接收渠道。便捷首先指的是信号落地、容易接收；其次，要善于借助当地的平台，多进行传播渠道本土化的尝试和创新。一方面，就视听信号落地来说，这属于硬件的拓展，正如前文所言，我们已取得不错的成绩，目前已经形成边境城市覆盖周边国家（如新疆电台电视台节目在吉尔吉斯斯坦、乌兹别克斯坦、哈萨克斯坦、土耳其等多个中亚国家落地；广西电视台与泰国、越南、菲律宾、印尼等国电视台联合举办广西电视展播周等），中央媒体全球搭台的立体态势。尽管少数几个西方国家占有的国际媒体资源呈现压倒性优势，我们对外传播的"落地入户"工作依然艰巨，但已出现新的契机。因为经费问题，英法在非洲的传媒能力正在"缩水"，而非洲媒体自身已经明显感受到中国通过传媒手段加强中非联系的强烈意愿。

但另一方面，由于语言和文化的差异，大部分受众还是倾向于通过本国媒体了解他国信息。这就要求我们不能只求落地覆盖率，还需善于"借台唱戏"。考虑到在受众中存在源于频道忠诚的收视继承效应，即一定比例的受众在一档节目结束后会继续收看之后的节目，而无论之后的节目内容是什么，因此可以考虑通过购买国外电台电视台的频道、频率和时段来插入我们的节目，这类实践效果颇佳。中国 CCTV-NEWS 的新闻及专题节目在新加坡、巴基斯坦、泰国等当地频道播出，都有不错的收视成绩。利比里亚的孔子学院借助当地受众广泛的利比里亚大学 LUX 广播电台，加入"人民汉语"的广播讲座，推送汉语和中国国情介绍，大大提高了当地民众对汉语以及中国的认知和兴趣。

此外，还可以借助与国外合办晚会或媒体项目、向国外销售影视广播节目等多种形式，全方位展示中国形象，传播中华文化。我们投拍的纪录片《故宫》被译成 6 种语言，在 100 多个国家签约出售；纪录片《舌尖上的中国》第一季已经远销海外 60 多个国家；动画影片《三国》也已销往近 30 个国家和地区。

同时，跨国企业、驻外机构人员也要敢于、勤于、善于走到当地媒体的聚光灯前，以自信、开放的姿态讲述透明而又积极谋求合作的中国故事。

三、减少文化折扣

除了满足本地化的需要，提供便捷的信息渠道之外，对于对外传播而言，文化是个很重要的变量。外国的媒介产品能否影响新的受众，取决于媒介文化以及相关文化纽带和语言是否相近，只有相近的语言或纽带才能建立共享的理解背景。如果缺少这种背景，跨文化传播很多时候就会产生"文化折扣"（culture discount）。

文化折扣最初由德国学者希尔曼·艾格伯特提出，意在保护少数民族的语言与文化。之后，加拿大学者科林·霍斯金将之用于传媒经济学，以计算在文化产品的跨境交易中需要考虑的文化差异。霍斯金将文化折扣界定为：文化项目的吸引力总是产生于既定环境，在跨境传播中，这种吸引力会随着所传递的信息与受众文化差距的增大而减少，这种文化差距主要体现在对文化项目所表现的形式、价值观、信仰、制度和行为模式等的不认同上，结果导致受众不愿意知道甚至懒得理解这些信息。那么在跨文化传播中，如何有效扩大共享的理解背景？这首先需要考虑信息的类别。

依据信息对受众的不同心理效果，媒介内容可以分为：指导型或教育型的信息，强调知识的传授；维持型的信息，以新闻为主；复原型或刺激型的信息。

先看第三类信息，它主要包括那些轻松、兴奋和刺激的内容，一般具有文化折扣度低、非政治性等特点，主要指向的是文化的器物层面，比如娱乐节目、体育竞赛，以及一切渲染情感的文字、歌曲、舞蹈和戏剧等。跨境文化贸易多以此类文化信息为主，因为它能让受众群最大化。有社会学家认为，这些信息可以帮助人们宣泄被压抑的情绪，所以大多数人都喜欢有刺激性的信息内容，这些信息也更容易跨越文化边界。比如，虽然欧盟总想打造一统欧洲的强大传播影响力，并且几乎具备所有有利于国际化的物质条件和环境因素，但迄今为止，欧洲媒体还没有所谓泛欧洲的受众群，可能只有MTV欧洲台算是例外。风靡全球的好莱坞也是以娱乐、刺激和爱情内容为主，这些东西更易引起受众的共鸣。就中国而言，"武术"类文化产品因为采用的是人类共通性较高的肢体语言，所以容易突破文化的障碍，只是我们需要创新利用这类文化资源的形式，不能仅限于影视作品，还应该包括出版、教育、医疗、研习、竞赛、旅游、衍生品等，需要多面向、多层次地将此类文化推向国际受众。

前两类信息需要学习新的和复习已有的知识与经验，主要指向文化的制度和哲学观念层面。霍斯金指出，这类信息带有很强的文化特殊性，在跨文化环境中，受众要投入很大精力去认知和理解这类信息。它不仅牵涉语言的翻译，还涉及概念、语义甚至理念的转换，会产生较高的文化折扣，所以这类信息在跨境文化贸易中缺乏竞争力。但这类文化信息又最具标识性和生产力，是民族文化的内核，能给文明间的互动带来积极的创新能力，此类文化的跨境流动非常必要。因此，为了减少文化折扣，可以考虑多培育和借助有多元文化背景的跨文化交流之"桥"，比如懂汉语又了解中国传统文化的外国人士。

孔子学院已为80多个国家培训本土化汉语教师10多万人次。这些本土教师对本民族文化有深入的了解，在教授汉语时能够更好地融合本民族文化，让汉语更为妥帖地植入本土语言学习土壤之中，避免外籍教师教学过程中的文化盲点，从而更好地表现语言的相通性。荷兰莱顿大学的教授施舟人等汉学家正在将《五经》翻译成九个语种；美国华盛顿大学的康大维教授正在主持翻译《中华文明史》等；清华大学的加拿大籍教授贝淡宁已经在普林斯顿大学出版社编辑出版多部著作，推介阎学通、朱苏力等著名中国学者。他们作为跨文化之桥，可以避免强加式的客位法，实现跨文化传播的"去中心化"，即不是寻找两种文化中精确的语言对照，而是借助传播者的文化知识，找到两个文化的等价表述，这能有效地减少跨文化传播的文化折扣。

综上所述，在向受众传递信息的时候，要考虑到受众的需要、渠道的便捷，还要尽量契合受众已有的理解语境。正如很多学者所谈及的，我们要用外国人听得懂的语言介绍中国，也就是要采用对方容易识记和理解的话，符合对方思维习惯的话；或者说，需要创制共同的认知背景和认知逻辑，否则我们传递的信息就会成为冗余信息，甚至会产生误解和冲突。中国要走出去，不仅在于铺设硬件，更在于创新软件；不在于提高嗓门，而在于柔化声音，使之悦耳动听，我们传递的信息才可能入耳、入脑、入心。

下 篇
公共外交的实践能力

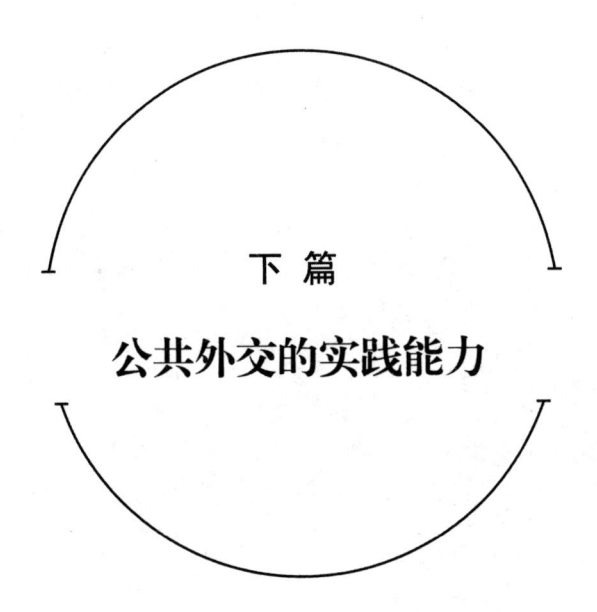

第十三章　体育公共外交人才的实践能力培养

周庆杰*

[**本章导读**] 体育是世界各国人民友好交流活动中最具共同语言、最易相互沟通的交流形式。体育本身所具有的机动、灵活和易于深入人心的独特魅力，非常有利于促进民心相通和文明互鉴。新时期体育公共外交在实践活动中最为突出的问题是：第一，实践者普遍缺乏对实践各环节以及相关体育运动项目的基本认知；第二，能灵活驾驭体育和外语的人才少之又少。显然，这都不利于讲好中国体育故事以及进一步深入开展体育公共外交活动。鉴于此，需要对实践者进行针对性的活动前培训，使其对实践各环节的情况以及相应的体育运动项目有基本认知；在选拔实践者时，尽可能选取那些既懂体育又懂外语的复合型人才；培养实践者适时讲好中国体育故事、传递好中国声音的意识。

外交最终体现在人与人之间的关系上。体育是世界各国人民友好交流活动中最具共同语言、最易相互沟通的交流形式。体育本身所具有的机动、灵活和易于深入人心的独特魅力，非常有利于促进民心相通和文明互鉴。目前，无论是北京已有的国际体育品牌赛事，还是正在筹办的

---

* 周庆杰，教授，外交学院体育对外交流研究中心主任；中国国家汉办/孔子学院总部汉语推广武术培训与研究基地特聘专家；中国体育科学学会国际交往工作委员会委员。

北京冬奥会及冬残奥会，抑或是各级国际体育交流活动以及"一带一路"人文交流，体育公共外交活动正呈现出愈发频繁之势。为适应新形势发展的需要，如何培养体育公共外交人才的实践能力已成为我们重点关注的话题。

一、体育公共外交人才的实践能力培养现状

（一）体育公共外交人才参与国际体育交流的现状

笔者 2015 年在调研北京高校对外体育交流情况时了解到：北京高校大学生参与国际体育交流的身份有两种：志愿者和参加者。其中，志愿者占到调研总人数的 99.47%（共调研 30 所北京高校，发放 1000 份调查问卷，回收 978 份问卷。其中，有效调查问卷 951 份）；参赛者仅有 5 人，占 0.53%。

（1）大学生志愿者参与国际体育交流活动的具体形式有：会务、联络、宣传、翻译、礼仪、检票、安保、接待、咨询、媒体、场地服务等。

（2）参加者参与的国际体育交流活动有：世界武术锦标赛、世界大学生羽毛球锦标赛、世界大学生运动会女子足球比赛、世界田径挑战赛、北京国际体能大会（理论研讨和技能教学）。北京体育大学和首都体育学院以及具有招收高水平运动员资质的北京大学、清华大学、中国人民大学、北京师范大学、北京交通大学等，是参加国际体育活动的重点高校。

（3）大学生志愿者参与国际体育交流活动的地点既有国内，也有国外。在北京举办的品牌国际赛事，例如中国网球公开赛、世界斯诺克中国公开赛、北京国际马拉松赛、北京国际长跑节、北京国际长走大会等，为北京高校大学生志愿者搭建了体育公共外交的舞台。此外，根据需要，部分北京高校大学生志愿者还被选调到国外进行体育赛事服务。如 2012 年英国伦敦奥运会时，北京外国语大学、北京语言大学、中国

农业大学等北京高校的部分大学生参加了不同形式的赛事服务工作，获得了主办方的高度好评。

调研表明，鉴于经费等因素限制，赴境外进行交流的师生人数不多且频次很低，主要集中于在国内组织举办的比赛或会议等。

（二）体育公共外交人才的实践能力培养现状

大学生参加国际体育交流活动不仅是其体育课堂学习的有益延伸，他们还可以亲身体验国际体育赛事的氛围和魅力，学习到在学校体育课堂中难以接触到的体育知识。同时，还可以加深大学生对国际体育运动以及赛事运作等多方面的认知，提高自身参与体育运动的主动性以及处理突发问题的能力。

大学生参加国际体育交流活动可被视为广义上的公共外交实践活动。调研发现，大学生参加大、中型国际体育交流活动之前，活动组委会都会进行相关培训，这些培训涵盖会务、联络、宣传、翻译等不同工作内容，会强调一些交流工作中的基本行为规范。而数量众多的小型体育交流活动的活动组织方则往往无暇进行相关培训工作，仅仅就相关工作做简单说明。调研进一步发现，无论是组织方还是志愿者或参加者，对于通过参与国际体育交流开展体育公共外交尚无清楚认知，基本停留在完成交办工作层面。组织方对于如何通过国际体育交流树立良好的形象、如何适时讲好中国（体育）故事、如何进行富有成效的交流等并没有专门的培训。

调研还发现，目前，无论是北京高校还是其他省市的高校，都没有开设相关的体育公共外交或体育交流课程、培训或讲座。

举个简单的例子，2014年北京国际马拉松比赛时遇到了重度雾霾，有一些运动员戴着口罩甚至防毒面具参加比赛。面对如此尴尬的场面，参与志愿工作的人员如果能够适时地向前来参赛的世界各地的教练员和运动员等介绍北京已经在空气及环境治理方面做了哪些工作并取得了哪些成果，定会给人留下一个客观、积极的印象，从而降低不良影响。然而，令人遗憾的是，组委会并没有对志愿者进行过任何形式的相关培训。

（三）外交学院在培养学生体育公共外交实践能力方面的做法

外交学院体育对外交流研究中心成立于 2012 年底，自成立以来，已组织以驻华大使为主的体育公共外交活动 10 余起。尤其是 2016 年创办的"一带一路"国家驻华大使体育论坛，迄今已举办 6 届并产生了一定的品牌影响力。此外，其还注重结合重大外交实践开展相关体育公共外交活动。2016 年中欧建交 40 周年之际，欧盟驻华代表团成功举办"运动与教育：中国与欧洲的视角"论坛；2018 年 5 月 23 日，为了给即将举行的中非合作论坛峰会营造良好的氛围，外交学院体育对外交流研究中心成功举办"非洲大使演讲会暨中非足球友谊赛"，非盟轮值主席国——卢旺达驻华大使与加蓬驻华大使、博茨瓦纳驻华大使、尼日尔驻华大使、佛德角驻华大使以及 15 个国家的外交官参加了活动。

每次举办的活动都会有学校团委外联部、摄影部、《外交青年》以及多个系部的学生参与相关工作。由于每次活动所涉及到的工作内容不尽相同，组织教师都会进行单独的小范围培训，讲明活动流程和工作内容，并对所涉及到的相关体育知识进行讲解。例如，有足球比赛安排时，教师会对参赛队员的言行进行规范，使其展现出良好的个人和学校形象。此外，在选择学生志愿者时，尽量找那些喜欢体育并经常进行体育锻炼的同学。如活动牵涉到足球比赛时，会尽量安排喜欢足球、外语水平较高且交流能力较好的同学参与工作。

部分个人综合素养高的同学甚至会自己事前"做功课"。如，2016 年 11 月举办"'一带一路'国家驻华大使体育论坛暨 2022 冬奥中国——奥地利体育交流与合作"时，负责口译的英语系同学自身就有滑雪经验。会前，这名同学除了主动与老师就会议情况和参会外方人员情况进行沟通之外，还上网查找了许多与奥地利冰雪运动相关的资料。其现场出色的工作得到与会者的一致高度评价。此外，一些同学处理突发问题的能力值得赞扬。如 2018 年 5 月举办"非洲大使演讲会暨中非足球友谊赛"，在接待到访大使时，我们发现博茨瓦纳大使并不在对方之前所提供的名单之列。当时距离会议开始还有不到十分钟时间，在老师简单交待之后，法语系的两名同学便火速去办公室打印并制作好大使的名签，然后再赶到会场摆放好，从而保证了会议准时、顺利进行。与以上两件案例类似的情况还有不少。这反映出我们在培养学生体育公共外交实践能力的时候，离不开同学们的积极主动参与，尤其是创造性的参与。

二、体育公共外交既要懂理论，又要重视实践

理论源自于实践，又反过来指导实践；而实践则是理论产生的根源，是检验理论的试金石。这就是中国古代哲学中认知论和实践论相结合的核心命题：知行合一。鉴于体育本身的运动属性，体育公共外交的实践相对理论研究而言要求较高。

中共中央总书记、中国国家主席习近平对体育公共外交不仅有着深刻的理解，更在实践方面身先垂范。2013 年，习近平在出席亚太经合组织第 21 次领导人非正式会议前夕接受了多家媒体的联合采访，他说道："足球是一项讲究配合的集体运动，个人能力固然重要，但团队合作才是决定比赛结果的关键。这是我爱好足球运动的原因之一。"2014 年，习近平在看望青奥会中国体育代表团时说："要通过青奥会进一步展示中国改革发展水平，同时借此让人们了解中国为什么会不断进步。中国海纳百川，以开放的心态迎接世界、集其大成，这也是我们举办国际赛事的应有之义。"可谓一语道破中国体育公共外交所要承载的意义。

在体育公共外交实践方面，习近平主席更是身先垂范。2012 年，习近平访问爱尔兰，在参观都柏林的一个体育运动协会时走上足球场草坪并展示了自己的脚法。2014 年，习近平出席俄罗斯索契冬奥会开幕式。这是中国国家元首首次出席在境外举行的大型国际体育赛事，体现了中国对国际奥林匹克运动的重视和支持，显示出中俄全面战略协作伙伴关系的高水平和特殊性。习近平的体育公共外交以轻松、亲和的形式拉近了中国与各国间的距离，让世界看到了一个主动融入、交流开放、虚心学习的大国的风范。

三、体育公共外交发展对策

1. 提高思想认识水平，把体育公共外交人才的实践能力培养纳入国际体育赛事及活动志愿者培训体系并做出顶层设计。

2. 依托北京体育大学等专业体育院校，聘请国内外相关专业的学者和国际组织官员；创建体育公共外交人才实践培训基地，设立相关研究课题，不断总结实践经验，出版培训专用教材；发挥高校智库的作用，为中国体育公共外交人才的培养献计献策。

3. 重视体育公共外交人才队伍建设；不断提升体育公共外交人才专业的理论和实践素养；培养外语水平高，熟悉国际体育运动项目的特点、规律、发展现状与趋势，跨文化交流能力强，能够处理突发事件的专业人才。

4. 加强培养体育公共外交人才在实践中的主动意识和创新意识。要充分利用好国际体育赛事、活动等各种不同的场合，适时宣传和介绍中国（体育）发展所取得的最新成果，讲好中国（体育）故事，传递好中国（体育）声音，使国际社会对中国（体育）有更加全面、真实、客观的认识和了解。

总之，新时代体育公共外交作为中国特色大国外交的重要组成部分，必将在"民相交、心相通"方面大有可为。我们不仅要凝聚共识、群策群力把体育公共外交人才实践能力培养的内涵、价值、功能、策略、考评体系乃至问题节点等弄清楚，而且要统一目标、聚精会神把体育公共外交人才实践能力培养落到实处。充分发挥体育公共外交人才在连接民心工作中的独特作用，为构建新型国际关系和人类命运共同体做出应有的贡献。

第十四章　公共外交视角下的高校学生培养

赵罗希[*]

[**本章导读**] 随着中国对外交往层次的多样化和频度的扩大化，教育与学术研究领域的国际交流活动日益频繁，高校在一定程度上也发挥着特殊的公共外交作用。本章旨在思考在公共外交视角下高校在培养学生过程中有哪些地方需要注意和警示，以期能够让学生更加具备公共外交人才的能力与素养。

自"公共外交"这一专业概念首次提出，距今已经半个多世纪了。一个国家通过公共外交活动以期提高其在国际上的美誉度与认同度。相当长一段时间里，公共外交的主体都被认为是国家或官方行为体。

而随着全球化与信息化时代的到来，信息获得、沟通交流与信息再传播的成本都大大降低。当代公众对于本国与国际事务的关注门槛不断降低，关注程度逐渐提高，"新公共外交"的概念相应生成，其本质仍是政府主导下的外交活动。但不同之处在于，实施公共外交的主体不再局限于政府，而是包括政府发起、授权或引导国内外非政府行为体所开展的外交活动。公共外交的对象依然是外国公众，但不再局限于单向信息输出，而是延伸为双向交流、跨国互动。开展活动的渠道和借助的媒

---

[*] 赵罗希，外交学院外交学与外事管理系讲师。

介也随之扩展、更新。

　　进入 21 世纪后，随着改革开放的不断深化、国际交流的不断增多以及全球利益的不断拓展，中国越来越重视通过非官方渠道建立不同国家民众间的了解和沟通。原国务院新闻办公室主任赵启正提出，"面对外国公众，以文化的交往或日常的往来为主要方式，在交往中表达本国文化、国情和政策"。① 可以看出，进行公共外交的主体并不局限于官方政府部门，也可以是包括大学、智库等在内的非政府机构。其本质是利用各种形式开展国际民心工程，打造全方位多层次的公共外交。从这个意义上说，具有民间性质的跨文化、跨国家间的文明对话与交流在当代"新公共外交"中承载了巨大的使命与意义。

　　党的十八报告明确提出"要扎实推进公共外交"②，正是在这一背景下，随着中国对外交往层次的多样化和交往频率的不断扩大，即便是最基层的高校，它们开展公共外交的场合与机会也越来越多。③ 日益频繁的国际交流活动赋予师生群体更广泛的发言权和更明显的话语影响力。师生这样的普通公众逐渐从公共外交的"受众"转变为有能力参与公共外交的"主体"，高校也在一定程度上发挥着特殊的公共外交作用。如何培养优秀的公共外交人才，营造良好的外部发展环境，提升中国的软实力，让中国在全球范围内树立"负责任大国"的国际形象并受到青睐，已经成为中国公共外交的一个重要议题，也成为中国高等教育的一项重要任务。

　　外交学院每年不仅接待一些国家领导或部长级官员访问演讲，还会有大批海外高校和智库的专家学者和同龄学生来访，来华留学生的比例和数量也呈稳定上升趋势。在中外师生各种形式的交往过程中，来自中国高校的师生成为外国了解中国的窗口，其言行实际上也是在践行公共外交。本章主要以个人经历为原点，试图探讨公共外交视角下高校在培养学生过程中需要注意和警示的地方，以期让学生更具备公共外交人才

---

① 沈国放、赵启正："赵启正谈跨文化交流"，《世界知识》2008 年第 4 期。
② 韩方明："十八大后中国公共外交事业的发展"，《国际交流》2013 年第 4 期。
③ 赵启正："推广公共外交是高等学校的社会责任"，《公共外交季刊》2013 年第 3 期。

的能力与素养。

一、不能把"多元、尊重"视为应对矛盾的灵药

意识形态对立、政治利益分歧与文化社会偏见等一系列因素使得掌握世界主导话语权的西方媒体在描绘中国时往往戴着"有色眼镜"。西方描绘下的中国,虽然早已不是过去那般一穷二白甚至"男人留辫子、女人裹小脚"的旧形象,但当面对中国改革开放所取得的巨大成就时,世界上仍然有一些国家和个人对中国存有成见。在西方学术界与媒体界,有相当一部分话语将"新威权主义""东方专制主义""裙带资本主义"等作为解释中国模式的范式,长期以"不自由""不民主"的西方视角作为看待中国的框架,认为中国的价值观与世界"主流"不同,并对中国社会发展过程中出现的社会矛盾与问题进行大肆渲染。尤其是近年来,随着中国国家实力的进一步提升,"中国威胁论"在经济、军事、发展模式、对外关系等多个方面甚嚣尘上,导致一部分国家民众对中国的印象相当负面。

公共外交应该追求的基本价值是"感化与认同"。对于中国而言,让其他国家民众能够认可中国是关键。从这个角度讲,公共外交应该去宣传中国自身明确的价值,但中国外交的价值是什么或有哪些呢?20世纪90年代时中国指出要"不扛旗、不称霸";新千年时提出"和谐社会"与"和谐世界"理念;现在则强调"维护各国各民族文明多样性,加强相互交流、相互学习、相互借鉴,而不应该相互隔膜、相互排斥、相互取代"。[①] 从本质上讲,共产党领导下的中国一直强调多元与尊重,但是从效果上讲,相关主张却未能很好地被西方理解与接受,因为简单地述说多元与尊重理念还是比较抽象又不切实的。一方面,西方

[①] "习近平在纪念孔子诞辰2565周年国际学术研讨会上的讲话",新华网,2014年9月24日,http://www.xinhuanet.com/politics/2014-09/24/c_1112612018.htm。

尤其是白人左翼分子实际上比中国还要强调多元、尊重，但凡面对公共事务，就得有不同肤色、不同性取向的人参与；另一方面，中国提倡多元、尊重，一定程度上是希望别人能够接受自己和别人不同的诉求，其愿景性色彩比较浓厚，却难以明显化解东西方之间的矛盾。

因此，不能简单地把"多元、尊重"的论调视为应对冲突矛盾的灵丹妙药，如何进一步将"多元、尊重"的理念化为行动并且让世界有目共睹，是让世界相信"同一个世界，同一个梦想"的更有力途径。

二、不能将中国发展的成功盲目异化为自大虚妄

美国自视为"山巅之城"，要推广普世价值，宣扬自由、民主、人权等。尝试"接触"与"同化"那些与美国有共同理想的国家和人民，使之变得更加像美国，或者起码亲近美国，是美国公共外交一直以来心照不宣的重要诉求。与此同时，再观察其他国家和地区可以发现，欧洲虽然不像美国那般咄咄逼人，但毕竟是文艺复兴和启蒙运动的源起之地，实际上也将价值观问题看得尤为重要。此外，如今日本、澳大利亚、印度等国也是如此，"民主安全菱形""自由与繁荣之弧"等都是这些国家兜售西方自由民主的产物。相关国家的本质目的是要把西方资本主义"普世价值"推向世界。美国所谓的"天定命运"或欧洲所谓的"思想启蒙"本质上反映出的是"文化中心主义"优越论——我的价值是最好的，是理应被他人学习接纳的，是有必要推而广之的。这种"自信"的心理显然与近代西方世界的整体崛起和对全球秩序的强大塑造力有着紧密的联系。

而反观中国，在取得连续几十年的巨大成就后，其如果也陷入因发展的成功而带来的盲目自大虚妄的话，就和西方近代的成功及随之生成的社会文化膨胀并无二致了。这一问题是值得关注的，尤其在现在的学生群体中尤为需要警惕。从个人从事教学的经验来看，在高校学生群体

中，部分存在两个并不令人欣喜的逻辑，且相互自洽：第一，"外国人不是中国人，因此不如中国人懂中国"；第二，"中国变得越来越好，因此没必要去关心外国"，也就是说，"中国很好→外国不如中国→外国人误解、曲解中国"成为一套链式逻辑，成为解释中外之间有所区隔的万能答案。显然，随着中国国力的提高与国民自信心的增强，"千禧代"相较于上一代人而言，一不小心便容易从"外面的月亮比较圆"矫枉过正而变成自我感觉良好、生活满意甚至对外界失去兴趣。

需要指出的是，对国家与民族的自信是应有的，但它不应该异化为对外界的无视。1983年，邓小平为北京景山学校题词："教育要面向现代化，面向世界，面向未来。"这一题词内容展示了他教育发展战略的核心思想，为中国现代化教育的发展指明了方向。直到今天，这样的方向仍然值得坚持，其原因在于国际交流与学习是各民族相互借鉴、共同进步的重要动力。

三、不能把政治化、娱乐化的话语内化为公共外交的话语体系

公共外交讲究沟通的技巧与艺术，如何在沟通过程中让对方能够理解、接受、认同自身是关键所在。而实际上，任何一个公共外交的主体，其话语方式往往受到自身所处的话语体系的影响。从当前高校学生培养的角度讲，如何避免把过于娱乐化或过于政治化的话语内化为自身的思维逻辑与话语体系显得尤为重要。

随着网络的发展和信息传播速度的加快，部分学生的话语已呈现出过于娱乐化的问题。相当一部分学生群体的阅读习惯在悄然改变——快餐化阅读、碎片化阅读或者较少阅读成为当前高校学生中并不鲜见的普遍现象。学生中广为流传的朋友圈文章或者日常接触的阅读内容，往往是逻辑与论证并不完整的只言片语，有些内容还配上视频加弹幕，图片加涂鸦，看过之后图一时之乐，再无更深的影响。相比传统阅读，这类

文本的娱乐性与戏谑性远远胜过严肃性和逻辑性。真正要撰写学术论文，需要学生进行精心论证时，他们又往往借助百度搜索出来的欠缺权威性与准确性的碎片化话语，这种缺乏严谨论证语言的背后是审慎思考的缺失。一部分教师反映，在指导学生论文时，此种感受尤深。学生往往对学术论文撰写的基本要求与规范并不熟悉，从一定程度上讲，不会"照葫芦画瓢"是因为看的"葫芦"——规范严谨的学术论文太少了，自然不知道怎么去"画瓢"。

而与娱乐化话语对应的另一个极端是，过度官方政治化的话语在学生中出现了。如今，中国外交部的新闻发言人制度逐渐完善，其中产生的金句警言通过新闻媒体与社交网络等的传播后成为百姓颇为欣赏的佳话。然而需要注意的是，学生群体不应简单地把外交部、国防部等发言人的发言视为自身对外交流的最佳答案。毕竟，发言人的身份特殊、时间特殊、场合特殊，他们在答记者问时的所言有着客观的背景与条件，并且肩负着表达官方立场与关切的重要任务。而作为民间沟通渠道，中国学生在应对外国师生提出的疑问甚至质疑时，需要在站稳立场的同时，相对兼顾学术化和艺术性的特征，而不应简单地将高度政治化的话语理解为国际交流时的话语，如此才能获得良好的公共外交效果。

做到这一点实际上颇具挑战性——在高校公共外交的场合，要想讲好中国故事，既需要师生对相关问题有准确的立场把握和科学阐释，也需要在一定程度上把握受众的心理，学会循循善诱地争取说服。这一理想状态所需要的诸项基本素质是相当一部分学生并不具备的。原因之一就是，对于真正关乎国家核心利益或者重大倡议主张的问题，学生很多时候并不能给出清楚合理的解释。

笔者认为，掌握这些关键性问题的学理性知识是有助于公共外交的开展的。高校师生在作为公共外交主体时，不应简单地使用政治化的话语体系解答，也不应该用过于娱乐化的话语来戏谑。高校师生应该一方面站稳立场、掌握政策，另一方面坚持相对独立、自由、灵活的表达方式。毕竟高校师生的身份地位和工作性质属于民间交流范畴，舆论场域从本质上讲有更大的外交弹性，因而不应过度自我审查或照搬官话，如此才更易于让对方接受和认同。对于高等教育而言，首要的就是要解决过度政治化或过度娱乐化的两极化问题，并填补学生的知识短板。

四、不能简单认为让外国人感知中国就能减少误解

周恩来总理曾指出"外交是通过国家和国家的关系这种形式来进行的，但落脚点还是在影响和争取人民"。① 习近平主席指出，"我们要建立多层次人文合作机制，搭建更多合作平台，开辟更多合作渠道。要推动教育合作，扩大互派留学生规模，提升合作办学水平"。② 可以看到，中国政府历来注重人的层面的外交工作。

在2014年全国留学工作会议上，习近平主席强调，"新形势下，留学工作要适应国家发展大势和党和国家工作大局，统筹谋划出国留学和来华留学"。李克强总理也提出"留学事业是我国改革开放事业的重要组成部分"。③ 可以看到，高度重视来华留学生并将之作为公共外交的对象已彰显出重大现实意义。有种看法认为，外国人之所以对中国产生误解，是因为他们从未到访过中国，所以请外国人到中国来实地考察甚至接受教育，能有助于减少误解。但从目前在华留学生数量不断增加和中国给予外国留学生奖助金额度的不断增长来看，相关做法带来的效用和结果未必完全令人乐观。

首先，要慎重考虑成本投入问题。从一定程度上说，必须承认一个国家的国际教育多多少少带有"风险投资"色彩，也就是说众多留学生中若有少数成才并且对留学国友好的话，则对留学国来说将收益不菲。此外，留学生若通过海外学习对留学国加深了解与认同，则是留学

---

① 周恩来：《我们的外交方针和任务》，1952年4月30日，人民网，http：//cpc.people.com.cn/GB/69112/75843/75874/75994/5183847.html。
② "习近平在'一带一路'国际合作高峰论坛开幕式上的演讲"，新华网，2017年5月14日，http：//www.xinhuanet.com/world/2017-05/14/c_1120969677.htm。
③ "全国留学工作会议召开习近平作出重要指示李克强作出批示"，中央政府门户网站，2014年12月13日，http：//www.gov.cn/xinwen/2014-12/13/content_2790506.htm。

国的另一收益。留学生来到中国生活与学习，作为中国社会的亲历者和中国形象的见证者，当他们回到母国或其他国家和地区描绘中国形象、讲述中国故事时，由于更加熟悉母国民众的思维模式、语言文化习惯等，显然更容易令本国听众信服。留学生的特殊身份与复合背景使得他们对于寻求国际认同与沟通空间的当代中国而言，是一扇寻求沟通的大门与一笔宝贵的外交资源。因此，美好的愿景固然是积极开展对来华留学生的公共外交，一方面可以培养中国国家形象的代言人、宣传员，另一方面他们独特的留华经历可以成为两国交往的紧密纽带。[1] 但是问题在于，对这一愿景的投入与产出如何进行评估，又如何尽量避免教育资源的不合理利用乃至浪费，这不仅是高等教育学府，而且是政府、社会等各方必须共同考量的问题。

其次，要慎重考虑经营管理方式。虽然来华留学生规模实现了历史性飞跃，但中国对留学生的教育管理仍有明显不足。从个人观察来说，由于语言文化障碍较大等问题，不少留学生的日常交往对象大多是本国伙伴或本班同学，因此实际交际圈较为狭窄局限，跨文化交流行为并不真正多见。此外，相当一部分高校举办的留学生活动，往往是较浅层次的、采取"圈养"与"观光"模式的"感知中国"的人文交流活动，缺乏深层次的互动——带领留学生参观名胜景点，访问传统文化场所体验传统文化的活动。诚然，穿汉服、学毛笔字、看古迹名胜、赏大好河山是有巨大意义的，但留学生对中国传统文化的喜爱往往不等同于他们对当代中国或者自己所在学校、自己周围同学的认可。这种条件下，教育者实际上难以让中国的思想、观念深入到留学生的血脉中。如何避免这种"观光客"式的国际教育，真正追求一定程度上的"和合"，是高校在留学生培养管理这一实质上具有重大意义的公共外交活动中所应思考的重要问题。反观西方国家的留学生公共外交——入学前宣传留学生政策，使外国留学生理解本国；在学期间，事无巨细，专业贴心；归国后，政府和学校还通过各类跟踪服务工作，与外国留学生建立长久的关

---

[1] 马春燕：“浅谈对来华留学生的公共外交”，《海外华文教育》2017年第12期。

系，并且注重欢迎"意见领袖"重回本国等。通过这些观察可发现，中国高校或高等教育关于留学生的公共外交工作还有很长的路要走。

第三，要慎重考虑实际效果。当前来华留学生群体中的确存在部分素质不高者，少数留学生存在扰乱校园秩序甚至违反中国法律的行为。虽然相关行为者是少数，但这些不良行为必定会影响留学生群体在华整体形象，导致一些中国学生不敢、不愿与留学生接触，从而令彼此的刻板印象不断固化，最终在中外学生之间引起隔阂乃至对立。例如，广西高校在参与对东盟的公共外交过程中，就存在留学生在高校酗酒等一系列扰乱校园秩序的行为，而与此同时又缺乏足够的留学生管理人员对留学生的不当行为进行干涉。[①] 诸如此类的例子虽非不胜枚举，但也确实广泛存在，其造成的结果往往不是有助于公共外交，而是阻碍、破坏了国家间和民众间的情感交流，可谓得不偿失。

总而言之，改革开放以来，高等教育不断向对外开放合作加强、国际化接轨程度提高的纵深方向发展。如今，随着"一带一路"倡议的提出，中国的对外合作交往迎来了新的契机与挑战，中国特色大国外交要推动构建新型国际关系，推动构建人类命运共同体，因而对人才的渴求更甚于以往，这无疑给高等教育提出了新使命和新要求。高校已然成为推进人文交流、践行公共外交的重要渠道。首先，高校是培育人才，包括外交人才的重要场域；其次，日益频繁的国际访问交流活动，使得高校师生在校期间有了进行公共外交实践的机会与场合；第三，随着国际教育规模的扩大，留学生来华为公共外交活动提供了又一片天地。在以上三方面所产生的共同影响下，高校必须肩负起培养公共外交人才的重要责任。

从公共外交人才培养的角度讲，语言当然是门槛，而现在知名高校学生的语言能力较前代而言已有大幅提升。但除此之外，家国天下观念、终极人文关怀以及过硬的专业知识才是难以养成与任重道远之处。作为个体，在不知不觉地践行公共外交时，要本着平等、虚心、关切、

---

① 侯宣杰、李尔平："广西高校参与中国—东盟公共外交的实践刍议"，《教育文化论坛》2018 年第 10 期。

友爱的心态进行沟通与交流，尤其忌讳单向宣传、硬性指令和一味灌输。知己知彼、戒骄戒躁、虚心若愚、求知若渴、共同学习、共同成长、共同社会化是高校在培养学生公共外交能力和素质的过程中应该重点关注的。只有这样，才能为中国的国家软实力和国际影响力提供有力支撑，才能让中国人与世界各族人民共同进步，才能使中国与世界和谐共荣。

第十五章 新公共外交中的公私合作项目管理能力[*]

——以中国社会智库为例

郦 莉[**] 陈雪飞[***] 伊丽莎白·C. 汉森[****]

[**本章导读**] 中国的社会智库在塑造国家形象、增强国际影响力等方面正在发挥重要作用。从近年来在国际智库排行榜中成绩卓越的三家社会智库——察哈尔学会、中国与全球化智库和中国人民大学重阳金融研究院的发展轨迹来看,以公私合作项目(PPPs)推动公共外交是其取得佳绩的重要原因。本章将以此为切入点,分析新公共外交中公私合作的必要性,以及 PPPs 项目管理的构成要素。

自 2015 年 1 月中共中央和国务院办公厅印发《关于加强中国特色新型智库建设的意见》以来,[①] 中国智库以非政府行为体的身份参与到

---

[*] 本章为2016年美国乔治亚州亚特兰大举行的国际研究协会(ISA)年会参会论文节选,系2015年度教育部哲学社科研究重大攻关项目"中国特色大国外交研究"(项目编号:15JZD032)的研究成果之一。
[**] 郦莉,外交学院中国外交理论研究中心副研究员。
[***] 陈雪飞,外交学院外交学与外事管理系副教授。
[****] 伊丽莎白·C. 汉森,美国康涅狄格大学荣休教授。
[①] 戚轩瑜:"中共中央办公厅、国务院办公厅印发《关于加强中国特色新型智库建设的意见》",中国政府网,2015年1月20日,http://www.gcv.cn/xinwen/2015-01/20/content_2807126.htm,2018年12月11日访问。

国家形象塑造、国际影响力提升等方面的必要性和重要性日增。与西方主要由社会型智库参与二轨外交不同的是，中国智库大多是官方运营的，其特征是发挥幕僚的作用。但是自20世纪末以来，中国社会智库异军突起，以社会团体、民办非企业单位或基金会的身份在民政部门注册，更贴近私有企业，这也使得它们与作为外交决策者的政府公共部门有更大的互补性。

  本研究在对国内三家具有代表性的社会智库进行访谈和实地调研后发现，社会智库较传统智库更为优越的是，其在财务、人事和组织管理方面具有更大的灵活性。与传统智库主要以完成上级"任务"的研究思路不同，社会智库将研究成果视为供给用户的"产品"，这一指导思路上的差异，使得社会智库与政府之间的合作潜力逐步提升，以"政府—社会智库"公私合作项目（PPP）形式开展的研究与"政府—传统智库"横向委托课题形式开展的研究相比，其创造力、可行性、标准化等方面往往更具优势。

  本研究旨在从新公共外交的公私合作概念框架入手，对三家社会智库与政府合作开展的公共外交活动进行梳理，尝试分析它们在公私合作项目中所具备的能力。

一、新公共外交为何要强调公私合作

  从管理学的角度看，根据各自的独立性和互动性，政府与非营利机构的合作关系可以分为四类：分支机构（extension）、逐步同化（co-optation）、委托合同（contracting）和伙伴关系（partnership）。[1] 西方观点认为，PPP的产生过程主要是以政府向私营企业开放电力、环保、教育等公共事业，邀请私营企业参与国家公共治理的方式呈现的。由于西方资本主义本身的市场经济特征，私有行为体的介入有显著的自发性。在

---

[1] Jennifer M. Brinkerhoff, "Government-Nonprofit Partnership: A Defining Framework", *Public Administration and Development*, Vol. 22, 2002, pp. 19–30.

西方学者看来,处于东亚差序政治文化中的中国,能够实现前三种已属不易,很难形成第四种真正平等、相互信赖、共同主导、风险共担的伙伴关系。[1]

应当说,中国的PPP有其自身特色,是在坚持党的领导和政府主导的前提下,对已有机制进行渐进创新的举措,不但在中华人民共和国成立之后不断推行,也是中国特色社会主义道路在现实中具备生命力的重要根基。一般来讲,国人一提到公共和私有领域,就会想到中国经济领域进行的混合所有制改革,然而中国的PPP实践实际上也是始于基础设施建设领域的。清末华侨集资兴建铁路的"保路运动"(1903—1939年),就是中国PPP的开端。[2] 中华人民共和国成立后,通过"一化三改造"(1953—1983年)实现的传统行业公私合营,实际上是一种公私混合机制的尝试。[3] 改革开放后,基础设施领域引入外资及民营资本(1984—2013年),[4] 在进入国家治理现代化阶段以来,更是通过政府与社会资本合作(PPP)项目,不断拓展PPP发挥作用的公共事

---

[1] Richard Common, "The East Asia Region: Do Public-Private Partnerships Make Sense?", Stephen P. Osborne, ed., *Public Private Partnerships: Theory and Practice in International Perspective*, London, New York: Routledge, 2000, pp. 139 – 141.

[2] 陈海忠:"从民利到国权:论1904—1909年的潮汕铁路风波",《太平洋学报》2008年第10期,第86页。桢淳:"漳厦铁路的修建与失败",《侨园》1998年第3期,第40—41页;Mary Backus Rankin, "Some Observations on a Chinese Public Sphere", *Modern China*, Vol. 19, No. 2, April 1993, pp. 158 – 182; Mary Backus Rankin, "Nationalistic Contestation and Mobilization Politics: Practice and Rhetoric of Railway-Rights Recovery at the End of the Qing", *Modern China*, Vol. 28, No. 3, July 2002, pp. 315 – 361。

[3] 索元仲:"瑞蚨祥绸布店率先合营",《北京党史研究》1990年第2期,第38—42页;赵晋:"私营工商业的公私合营——以上海刘鸿生章华毛纺公司为中心",《史林》2015年第4期,第170、178—179页。

[4] 高析:"BOT项目融资模式风险分析",《水力发电》2002年第4期,第10—14页;贾康、孙洁、陈新平、程瑜:"PPP机制创新:呼唤法治化契约制度建设——泉州刺桐大桥BOT项目调研报告",《经济研究参考》2014年第13期,第43—51页;贾康、孙洁:"公私合作关系(PPP)的概念、起源与功能",《经济研究参考》2014年第13期,第11页。

业范畴。① 《关于加强中国特色新型智库建设的意见》强调指出，到 2020 年，统筹推进党政部门、社科院、党校行政学院、高校、军队、科研院所和企业、社会智库协调发展，充分发挥中国特色新型智库咨政建言、理论创新、舆论引导、社会服务、公共外交等重要功能。公共外交作为智库的一项重要功能得以提出，这在中国历史上是第一次，说明了党和政府对于"二轨"参与公共外交的接纳程度。

社会智库参与公共外交对于提升这一公共事业的信度和效度具有正向的影响力。很多对外宣传或形象塑造的工作，如果通过政府去推动，往往会被国际社会认为是官方的宣传（propaganda）。此外，由于长期以来形成的官方话语体系和惯性思维，其外宣内容和形式也往往较为陈旧，容易引起国外民众的反感。然而，与其他政府智库和高校智库不同，社会智库与政府之间并不存在上下级或附属关系，其要实现对政策的切实影响力，并承担起原本属于政府单挑的公共外交责任，必须通过一定的合作机制。PPP 恰恰是政府将原属自己责任的活动"外包"给私人组织的协议。②

那么，有社会智库参与的公共外交较先前的"二轨"外交有何不同？本章尝试将对这一问题的思考融入对中国三家社会智库的案例分析中。选择这三家社会智库的原因有三：首先，第一手数据及访谈条件比

---

① 国务院："国务院关于加强地方政府性债务管理的意见"（国发〔2014〕43 号），2014 年 9 月 21 日，http：//www. mof. gov. cn/zhengwuxinxi/zhengcefabu/201410/t20141008_1146374. htm，2016 年 2 月 15 日访问；国务院："国务院关于深化预算管理制度改革的决定"（国发〔2014〕45 号），2014 年 9 月 26 日，http：//www. mof. gov. cn/zhengwuxinxi/caizhengxinwen/201410/t20141008_1146869. html，2016 年 2 月 15 日访问；国家发展与改革委员会："国家发展改革委关于开展政府和社会资本合作的指导意见"（发改投资〔2014〕2724 号），2014 年 12 月 2 日，http：//www. sdpc. gov. cn/gzdt/201412/t20141204_651014. html，2016 年 2 月 15 日访问；财政部："关于推广运用政府和社会资本合作模式有关问题的通知"（财金〔2014〕76 号），2014 年 9 月 23 日，http：//www. mof. gov. cn/pub/jinrongsi/zhengwuxinxi/zhengcefabu/201409/t20140924_1143760. html，2016 年 2 月 15 日访问。

② E. S. Savas, *Privatization and Public-Private Partnerships* (New York: Chatham House, 2000), p. 4.

较充分；其次，其在美国宾夕法尼亚大学全球智库排行中名列前茅；[①]
第三，其名次上升速度远超传统智库，可以说是影响力拓展最快的中国智库代表。

二、公共外交中的公私合作：三个案例

本章作为研究对象的三家社会智库分别为察哈尔学会、中国与全球化智库和中国人民大学重阳金融研究院。它们通过与地方政府外事办公室、北京市公安局和 G20 国家智库开展的 PPP，从管理运营、成果转化和咨政效力三个方面提升了传统智库难以达成的"二轨"外交影响力。

（一）城市外交项目："4S 营销型"企业知识管理模式

第一个案例是察哈尔学会与地方政府外办合作开展的城市外交项目。察哈尔学会在项目框架下与地方政府的外事办公室（以下简称"外办"）、大学和企业合作，集合多元利益相关方，建立"城市外交研究基地"。在这个基地中，以城市外交的用户体验为中心，构建了一套集知识产品推介、专业意见咨询、提供定制服务和反馈数据分析四项业务为一体的"4S 营销策略"。4S 店原指与汽车相关的体系化服务，包括产品销售、零件维修、售后服务和用户反馈。察哈尔学会以企业管理的方式运营智库，进而维系与学者和政府之间的合作关系，通过口碑效应逐渐形成公共外交政策咨询的品牌，从而不断扩大用户规模。察哈尔学会协助一些城市凝练出既有历史传承，又有现代风韵的国际交流优

[①] James G. McGann, *2017 Global Go to Think Tank Index Report*, Think Tanks & Civil Societies Program, The Lauder Institute, The University of Pennsylvania, 31 January 2018, https://repository.upenn.edu/cgi/viewcontent.cgi?article=1012&context=think_tanks, accessed on 24 March 2018, p. 34.

势,如世界凉爽城市西宁、① 国际美食城②与运河文化中心扬州③等,通过每年一度的人大与政协"两会"机制向决策层建言献策,通过高水平国际国内会议向世界介绍中国城市。这样一来,地方政府与察哈尔学会之间的关系在城市外交这一知识增长点的线索中不断实现隐性知识向显性知识的转化,公私行为体之间因相互需要而赋予了其合作机制持久的生命力。

(二)"绿卡":海归创业者的"成果转化"模式

第二个案例是中国与全球化智库(CCG)与北京市公安局出入境管理局外国人管理处合作为外国人来华工作的"绿卡"制度提供建议。中国的外国人"绿卡"制度1988年在中关村科技园创立,自2004年起向外国人发放。中国是世界上最难申请"绿卡"的国家。2004—2013年,在全国接收的3000多项外国人"绿卡"申请中,只有1%获得通过。2015年7月,公安部发布支持北京创新发展的20项出入境政策措施(简称"北京人才20条"),④ 政策颁布当天就授予符合条件的"绿卡"和"华裔卡"370张。2006年的授予量更是增长了46%。⑤ 可见,这套政策对推动首都人才建设起到积极的促进作用,同时也在一定程度

---

① 察哈尔学会:"天赐'凉'机察哈尔学会助力西宁打造世界级凉爽城市",中国网,2016年8月22日,http://www.china.com.cn/opinion/2016-08/22/content_39138275.htm,2018年8月29日访问。

② 柯银斌、于凡、吴丹等:"舌尖上的公共外交——扬州美食文化的国际传播战略原则:依照不同受众,采取不同形式",《察哈尔报告:舌尖上的公共外交——扬州美食文化的国际传播》,2015年版。

③ 张开、熊炜、柯银斌等:"扬州:以运河文化扎实推进城市外交——世界文化遗产的公共外交价值",《察哈尔报告——扬州:以运河文化扎实推进城市外交》,2014年版;周晗:"开展地方公共外交推动扬州走向世界",《扬州日报》2016年10月29日,http://www.yznews.com.cn/yzrb/html/2016-10/29/content_821985.htm,2018年8月29日访问;周晗:"舌尖上的公共外交'扬州模式'",2015年9月12日,http://www.sohu.com/a/31562004_162758,2018年8月29日访问。

④ 邓淑华:"'北京人才20条'出台外籍人才流动壁垒破冰",《中国高新技术产业导报》2016年1月18日,http://www.chinahightech.com/html/hotnews/yuanchuang/2016/0118/272366.html,2018年8月29日访问。

⑤ 佚名:"去年,有1576位'老外'拿到了中国'绿卡'",凤凰网,2017年2月6日,http://finance.ifeng.com/a/20170206/15178391_0.shtml,2018年8月29日访问。

上展示了中国开放进步的国际形象。

自2008年成立以来，CCG在全球化与国际人才领域积累了各项业绩，并成为国家人才战略的主要参与智库。2008年是中国举办奥运会的一年，CCG以中国发展过程中的"人才红利"、外国人才"引进来"等重要问题作为研究方向，在英文核心期刊和国际上一些著名的出版社发表了一系列高质量成果，同时聘请九三学社的科学家和欧美同学会的企业家参与研究，使其在知识上更容易打破学科界限，实现其公共外交效果。CCG与地方政府的合作可以说是一种混合管理模式，智库与政府之间建立了基于合作项目的"旋转门"或借调机制，给提供政策建议的研究人员创造到一线实践的机会。CCG是中联部"一带一路"智库联盟成员和中组部国际人才博士后科研流动站。这些平台和项目机制保证了资金的稳定流入。有了成果优势和管理优势，CCG每周五举办一次交流会，通过"学院制"知识管理模式推动每一项活动，促进企业文化建设，每周例会更像是开放的大学学术交流，官产学研媒共同参与的研讨活动保证了思想活力。西方智库强调独立研究，但与政府需求紧密结合的谏言模式实现了良性的知识—权力互动，即以相关促依赖、以合作促信任、以声誉促优化的螺旋上升进程。"二十条"政策当中采用的外国创新人才积分制，正是接纳了CCG的建议。[1] 由此，布林克霍夫提到的政府与非政府部门的独立性与互动性，[2] 在CCG就体现为太极的顺势转动，社会智库与政府在优质项目合作机制下形成了知识与才能、资源与理想的二元合一。

（三）T20：在国际多边机制中创设议事规则

第三个案例是中国人民大学重阳金融研究院（人大重阳）在20国集团（G20）智库论坛（T20）机制下推动中国主办2016年G20峰会。人大重阳金融研究院是在校友裘国根1.2亿人民币捐款的基础上成立的

---

[1] 信息来源于对中关村管委会副主任的访谈（匿名），北京，2017年6月7日。
[2] Jennifer M. Brinkerhoff, "Government-Noprofit partnership: A Refining Framework", *Public Administration and Reuelopment*, Vol. 22, 2002, pp. 19 – 30.

高校智库，因其财务独立，与基金会相似，并且人事关系相对独立，更多地体现出市场化的导向，因此仍属于社会智库的行列。2013年之前，尽管国内智库可以通过"边会"方式参与G20峰会，但G20国家聚焦全球经济治理的国际智库平台并不存在。2013年人大重阳承办了题为"大金融、大合作、大治理"的20国智库研讨会，之后又通过与G20国家驻华使馆沟通协作，共同邀请G20国家专注经济治理的智库专家参与研讨，最终建立了G20智库年会机制；同时充分利用T20平台，将中国主办G20峰会给全球金融危机的应对所带来的意义写入T20宣言当中，从而助力中国在2016年G20峰会的主办权申报中击败强劲的对手日本。人大重阳之所以能够保证自身在这一多边合作机制中的国际规则制定权，与其高效的企业化管理机制及国际人才聘用策略密不可分。其人才主要来自三方面：一是体制外的新型智库与社会组织；二是在G20国家工作和生活多年的各类华人组织、企业负责人；三是大胆聘用和鼓励来自国外的人才为中国效力。[1] 如此国际化和扁平化的管理模式，在传统智库中往往受到事业单位人事管理机制的极大限制，所以传统智库可能较难如人大重阳那般做到从全球范围内选择有助于解决智库面临的紧迫难题的优秀人才。

三、公私合作项目管理能力的构成要素

在以上三个案例中，我们可以发现一些共同点——政府思维开明、自下而上与自上而下的供求结合、现代化管理模式。最重要的是，社会智库会更加主动地构建与政府之间的互利共生关系。中国对伙伴关系的理解较西方更为包容，中国的社会智库在财务、人事和管理方面具有灵活性，往往能以"人无我有、人有我优"的状态获得政府的信任和认可，进而达成可持续的合作关系。在辅助政府开展公共外交的过程中，

---

[1] 王文："G20：中国主导全球治理的首轮探索——来自智库层面鲜为人知的故事与思考"，《对外传播》2016年第9期，第46—49页。

一旦涉及到具体的专业难题时，社会智库的潜能就会显现出来。基于对三家智库的分析，概括而言，在与政府合作开展公共外交的活动中，作为"私"的一方在项目管理方面具备的能力主要包括以下几个方面：

首先是发现公共价值和精准服务的能力。三家智库的创始人和主要负责人均为海归派或企业家。他们或有海外留学经历，或曾在商海驰骋，对国内外决策者、民众或用户的偏好和心理较为敏感，能够较为深刻全面地掌握所关注领域的前沿信息，也了解利益相关各方的需求，因此其设定智库议程、表达思想成果和解决现实问题的方式方法都更有针对性，能够较好地将决策部门、执行部门和监管部门关注的议题整合成具有社会价值的研究框架，进而通过与决策一线部门的直接互动，将针对多目标的一揽子解决方案，通过研究报告和会议交流的方式呈现给公共外交相关主体。与传统智库相比，它们所采用的媒介更为前沿，展示的方式更为现代，故事的选择与讲述更具亲和力。比较而言，它们更可能为政策对象提供更加精准和高质量的服务，并会有意识地对公共产品与服务的"售后"效果进行评估，从而完善和改进下一轮公共政策、产品与服务的供给策略与路径。

其次是解决用户规模难题的独特营销能力。三家智库的资金渠道较为多元，经费来源既包含政府委托项目经费，也接受社会捐赠，是一种多元化的收入结构，在预算支出方面较政府智库有更大的自主权和灵活度。至于钱应当怎样花才能有更大收益的问题，实际上是一个管理成熟度的问题，它既涉及到如何通过优化价值链促进生产、消费、交换和分配，又涉及到通过市场调研、营销激励提升员工和用户参与价值链的信心、动力和兴趣。传统智库主要通过事业单位的运行方式开展日常工作，其资金来源和服务对象都与所属政府部门密切相关，因为这既关系到人才的聘用与晋升，也关系到财政拨款的下达与绩效奖励的制度，其服务对象的确定性与公共外交服务对象的多元化和不确定性往往会在一定程度上出现疏离，从而使其研究内容与方法都较为传统，员工思维相对保守，"吃皇粮"的优势使其不必过多地思考如何推动成果转化和对研究产品进行营销的问题。因此，公共外交研究成果的用户规模很难通过传统智库的内部有限变革获得显著提升。对于社会智库而言，其存在与发展则取决于捐赠者、资助者和购买者对其产品质量优势的肯定和认同。通过怎样的营销模式能更快速、友好地达到用户，是它们力求解答的问题和提升的方面。因此，在充分采用新媒体、大数据、数字化媒介的同时，社会智库会尽可能地保证更高的运作效率和更自主的决策权力，规避繁琐的审批手续，通过聘请财务、市场、运营方面富有经验的专家，使预算收支更为合理、合规，既要节俭，又要高效，注重激发成员创新热情，以推动社会公益，提升智库影响力，从而保证资金链的稳定。在公共外交的项目管理方面，其必然会重视研究内容的吸引力和营销模式的独特性，从而解决用户规模的难题。

  再次是面向现代企业治理的对等生产能力。三家智库都采用扁平化的管理模式，其组织结构并不拘泥于明确的部门分工或职权，而是简化纵向等级层次，将资源和权力着重分布在基层单元，以用户的市场需求为一切行动的导向和动力。① 在确定活动计划后，其管理团队，包括文字编辑、营销外联、行政协调、财务后勤、后期评估在内的成员通过密切合作和机制化的每日晨会（人大重阳）、每周例会（察哈尔学会）的方式实现信息互通，以达成进程共识并制定规范标准。三家智库都有严格的绩效评估机制。如，察哈尔学会对研究员以察哈尔学会身份发表的著作或论文都会有相应的薪酬奖励；人大重阳则将团队成员工作内容的数量和质量，包括发布消息量、媒体推送文章数、更新网页数、微信发布数、编写著作数、内参上报数，都纳入内部统计和绩效评价，员工不会因"干多干少都一样"而丧失积极性。三家智库都突破了传统智库的科层制局限，②

---

  ① 王文："G20：中国主导全球治理的首轮探索——来自智库层面鲜为人知的故事与思考"，《对外传播》2016年第9期，第14页。
  ② 科层制强调等级制度和多层权力机构原则；官员有明确的职权范围；管理原则相对僵化。科层制组织从横向看，可分为若干并列部门，每个部门负责专门的职能工作；从纵向看，则是一个权力金字塔，处在金字塔塔顶的高管人员通过"等级链"控制组织，基本运行法则是：上层决策、中层管理、基层执行。（参见 Deborah Ancona, Thomas Kochan, John Van Maanen, Maureen Scully, D. Eleanor Westney, *Managing for the Future: Organizational Behavior and Processes*, Ohio: South - Western, 2003, p.33.）

通过对等生产式（peer production）的扁平组织管理模式①打造基于问题解决流程的组织架构，体现的是从智库问题意识的形成，到形成公共外交影响力的积极变化过程。其所得到的国际认可表明：智库内部的机制体制改革成功与否，决定了其未来的国际化发展成效，以及推动公共外交能力提升的空间。这种公私合作、纵横交融的现代化治理模式，是当前中国社会各项公共事业兴旺繁荣所必不可少的，也是从物质性基础设施的 PPP 向制度性基础设施的 PPP 演进过程中的重要一步。

综上所述，PPP 并非中国在国际规范传播过程中获得的舶来品，而是实现自身机制体制改革的良方，只不过东亚国家与西方国家在对公私关系的认知上存在差别。在中国，政府在社会层面拥有更为积极的形象。正如潘维教授在对中国模式的讨论中提到的，中国的社稷不同于西方的"国家与社会"两分法。社稷系于物质，亦系于伦理，是描述中国官民互动的"责任"机制。在社稷中，官与民不是所谓"国家与社会"孰大孰小、孰强孰弱的关系，而是鱼和水、骨与肉之关系。官民之间离心离德，社稷就会分崩离析。② 所以，中国的市场或者社会组织的发展不在于如何更彻底地脱离政府，而在于以何种形式促进各方承担起共促公益供给和可持续提供的责任。PPP 在西方和在东方的呈现不同，但都具有普适意义，双方可以相互借鉴，因为"官民互动、共图社稷"本身就是 PPP 的理想宗旨和践行目标。

---

① "扁平化"管理模式又称"蜂巢"（honeycomb）模式，采用规模小、灵活度高的自主管理团队，通过社会问责机制（而非外力管控）实现高效协作的分权式运行。扁平化组织的成员通过头脑风暴和团队合作解决问题。员工的能力被充分信任和授权，决策（包括预算制定）以自下而上的建议为基础，高管只负责对员工决策进行审核，这使员工责任感提升、主动性增强，能够大大提高整体绩效，而阶段性绩效激励又进一步提升内部活力，形成良性循环。（参考 Robert M. Grant, *AES Corporation: Rewriting the Rules of Management*, New Jersey: Blackwell Publishing, 2002, pp. 10 – 11.）

② 潘维、玛雅：《人民共和国六十年与中国模式》，生活·读书·新知三联书店 2010 年版，第 16—17 页。

第十六章 新媒体时代政府公共外交能力的提升路径探析[*]

任远喆[**] 王华迪[***]

[本章导读] 随着网络技术的不断发展,人类社会逐步迈入新媒体时代。新媒体的形态不断推陈出新,在广泛代表民意的同时,影响了公共舆论的作用路径,改变了公共外交的实践方式。新媒体时代政府的公共外交能力体现在对数字化工具的使用、沟通模式的转变以及大数据模型的运用上。美国政府借助数字化平台变革公共外交实践模式,取得了显著成效。中国从中央政府到地方政府都需要顺应新媒体时代的大势,不断提升自身的公共外交能力。

人类社会正在进入数字化时代。1995 年,全世界只有不到 1% 的人口能够使用互联网,而如今,这一数字上升到 40%。2005 年,全球网民数量第一次达到 10 亿,而到了 2018 年,全球网民数量已经创下 40 亿的新纪录。① 互联网公司脸书(Facebook)有多达 16.5 亿的活跃注册

---

[*] 本文系北京市社科基金一般项目"新媒体时代公共舆论的作用机理与北京市舆论引导策略研究"(项目编号:14KDB013)的阶段性成果。

[**] 任远喆,外交学院外交学与外事管理系领事教研室主任、副教授,公共外交研究中心研究员。

[***] 王华迪,外交学院公共外交研究中心研究员。

① Internet Live Stats, Internet Users in the World, July 7, 2016, http://www.internetlivestats.com/internet-users/(上网时间:2016 年 7 月 1 日)。

用户，其中 10.9 亿为日活用户。① 谷歌（Google）的服务器每日要完成 35 亿次检索；推特上每天会有大约 5 亿条新状态。② 相比之下，之前网民数量的数据就没那么惊人了。同样，到了 2017 年，全世界最大的社交网络市场——中国的社交网络用户达到 5.96 亿，微博用户超过 2.8 亿，其中社交网络用户中的移动用户份额超过 65%。到 2022 年，这一数字还将有很大的提升。③ 网民数量的疯狂扩张极大地推动了新媒体的广泛应用和不断创新，也逐渐改变着世界政治的运行模式和规律。

2011 年发生在中东、北非地区的一系列政治事件显示了数字化时代新媒体的巨大影响力。随着新媒体的发展，西方媒体在中东地区的话语霸权受到巨大冲击，一直以来"目中无人"的西方公共外交也相应受到削弱。④ 公共外交的主要目标就是"赢得民心"，而在全球化和数字化的背景下，新媒体则日益成为传递思想、增进沟通和赢得民心的重要工具。

在数字化时代，新媒体与公共外交的结合成为提升公共外交能力的重要趋势。⑤ 从实践上来讲，不少国家开始制定专门的数字化公共外交战略，以应对数字化时代外交转型的挑战，中国也不例外。随着 2008

---

① Zephoria．The Top 20 Valuable Facebook Statistics，May，2016，https：//zephoria.com/top-15-valuable-facebook-statistics/（上网时间：2016 年 7 月 17 日）。

② Internet Live Stats，Internet Users in the World，July 7，2016，http：//www.internetlivestats.com/internet-users/（上网时间：2016 年 7 月 1 日）。

③ Statista．Facts on Social Networks in China，2017，https：//www.statista.com/statistics/278341/number-of-social-network-users-in-selected-countries/（上网时间：2017 年 12 月 7 日）。

④ Philip Seib，"New Media and Public Diplomacy in the New Arab World"，in Leila Hudson，Adel Iskandar，Mimi Kirk l（eds），*Media Evolution on the Eve of the Arab Spring*，Palgrave Macmillan，2014，p. 181.

⑤ Judith A. McHale，*Public Diplomacy and Social Media in Latin America*，Remarks on Forum Hosted by NDN and the Latin America Studies Program of Johns Hopkins University's School of Advanced International Studies（SAIS），Washington，D. C.，March 29，2011，http：//www.state.gov/r/remarks/2011/159355.htm；Joshua Fouts，"Social Media，Virtual Worlds and Public Diplomacy"，*World Politics Review*，Oct. 13，2009；Javeria Rizvi Kabani，"Public Diplomacy Initiatives and Social Media-Ways to Support Opinion Leaders in the Middle East"，http：//www.csduppsala.uu.se/devnet/CivilSociety/Outlookserien/2010，PowerPeople/PP，%20Rizvi%20Kabani，%20Javeria.pdf．Matthew Wallin，The Challenge of the Internet and Social Media in Public Diplomacy，American Security Project，February 2013．Philip Seib，*The Future of #Diplomacy*，Polity，2016．董青岭："新媒体公共外交：数字时代的外交变革与政治沟通"，《公共外交季刊》；宋黎磊、卞清："新媒体时代公共外交的特征与时间——基于外交部欧洲司官方微薄的案例分析"，《欧洲研究》2014 年第 4 期，第 112—129 页。

年新媒体首次作为独立传媒被列入国家传播体系以及 2009 年中国 3G 手机牌照的发放，基于 Web2.0 技术支撑的数字化工具对中国内政和外交影响日深，中国的外交实践也越来越重视对数字化的使用，以期达到更好的公共外交目标。

一、新媒体时代公共外交的转型

当代外交转型中，数字化已成为最不容忽视的驱动力之一。从科学技术对外交的嵌入视角出发，学术界对于数字时代的外交有着各种不同的叙述方式，例如网络外交（cyber diplomacy）、数字外交（digital diplomacy）、虚拟外交（virtual diplomacy）、电子外交（e-diplomacy）或新媒体外交（new media diplomacy）等。尽管在术语上还未取得共识，但这些新概念的出现反映了数字化时代外交的深刻变化。数字化时代的外交可以成为当前外交转型的一种元叙事，数字化是外交本身正在进行中的革命性变化与适应过程中的一部分。

在很多人看来，数字化已经成为外交转型的一个特殊阶段，它决定了现代外交的全部。很难区分哪些领域已经数字化，哪些没有数字化。"数字化时代"体现的是技术、社交、经济和政治上复杂的改变。[①] 有学者直接将数字化时代的外交称为"外交 3.0 版本"。这不只是一个名字、标签或者象征，而是代表了外交的发展方向。[②] 诚然，如果想要在 21 世纪的舞台上有一席之地，绝大多数国家和组织必须适应数字化时代，这一点已经没有选择的余地。

新媒体作为数字化的重要体现，对外交转型的影响不言而喻。新媒体代表的不仅仅是简单的数字和数据，还代表着其在网络上能转化成的巨大能量。就信息传播和政治沟通特性而言，新媒体工具实现了信息传

[①] Jan Melissen and Brian Hocking, *Diplomacy in the Digital Age*, Clingendael Report, July 2015, pp. 14 – 18.

[②] Andreas Sandre, *Digital Diplomacy: Conversation on Innovation in Foreign Policy*, London: Rowman & Littlefield, 2015, p. xxxi.

播模式自下而上、由集中向分散的转变,从而使每个人都成为"自媒体",让"所有人对所有人的传播"成为可能。以新媒体蓬勃发展为代表的数字革命强大的变革力量,使得大多数国家和国际组织不得不快速适应这些数字工具。如果想要在21世纪的舞台上有一席之地,绝大多数组织必须适应数字时代。

新媒体改变了传统公共外交的运作方式,因此也成为"新公共外交"的重要组成部分。①"新公共外交"更多地关注国与国之间关系的长期构建,强调政府机构与社会行为体的协调。新媒体带来了传播技术的更新,也改变了原有自上而下的公共外交模式。每个新媒体活动的参与者很多时候既是信息的生产者、传播者,同时也是信息的消费者,每个人都可以表达自己的观点、传播自己关注的信息,信息传播内容与传播形式越来越接近于"去国家中心化"和"去政府主导化"。这更有利于不同国家社会民众之间的社会互动和相互理解,从而丰富和扩展了公共外交的方式。

同时,新媒体还重塑了公共舆论对于政策制定的影响路径。外交公开化是一战结束之后兴起的新外交的重要体现,为制定外交政策引入了公共舆论的要素。而在当今各种新媒体工具的冲击下,国家内政外交决策已经越来越难以摆脱或逃避国际国内公共舆论的影响。与传统媒体相比,新媒体的最大特征就是实现了信息生产的个性化和信息表达的互动化,从而使得普通民众的政治参与性空前高涨,通过网络议政、微博问政和播客参政等形式,普通民众可以不断地将个人意见加以表达并反馈给信息源,从而影响国际国内公共舆论,推动自身所关心的国际问题进入议程。在网络空间,民意从未像今天这样得到各国决策者和政治家们的高度关注,公共外交所需要沟通和说服的对象也更加平民化和多元化。

---

① Jan Melissen ed., *The New Public Diplomacy: Soft Power in International Relations*, Basingstoke: Palgrave Macmillan, 2005.

二、新媒体时代公共外交能力的主要体现

数字化时代公共外交的能力体现与数字化工具的运用密不可分。在很多考察标准里,对数字化工具的运用都是一国外交机构的必备能力。如今大部分国家的外交部都制定了相应的数字化战略,不断加强在公共外交中对数字化工具的运用。

公共外交能力首先体现在数字化运用的程度上。由于网络用户持续增长,线上线下都出现了前文所提到的转变,故大多数国家的外交部门在21世纪初便开始采用"线上"沟通的方式,并设法相应地调整其组织结构。数据显示,截至2017年,占联合国成员国总数92%的178个国家的政府首脑和外交部长开通了自己的推特账户,共拥有3.56亿的关注者。脸书、推特和优酷是政府首脑和外交部长最常用的社交工具,图片分享平台Instagram的受欢迎程度排第四位,有超过70%的联合国成员国的政府首脑注册了Instagram账户,且常常分享其工作活动的各种"幕后花絮"。[①] 美国总统特朗普更是被称为"推特总统",他对社交媒体的使用给美国国务院带来了极大的混乱。[②]

首脑们通过数字工具直接活跃在外交一线不是传统公共外交面临的唯一"危机"。在过去十年里,外交机构的外部环境改变了很多,外交机构文化的许多方面也在不断地受到挑战。以社交网络平台为代表的数字工具让通信变得前所未有的便利,这让外交信息得以实时更新,但也不可避免地让信息准确度有所下降。同时,在过去的外交实践中,外交官们长期使用正式的外交语言,谈话内容严格保密,而如今人们让外交官们参与到公众讨论中,并希望他们能随意一些、少一点官腔。这些改变都使社交媒体平台成为外交参与不可或缺的工具。正如一位高级外交

---

① Twiplomacy, *Twiplomacy Study 2017*, May 31, 2017, http://twiplomacy.com/blog/twiplomacy-study-2017/(上网时间:2017年7月20日)。

② Krishnadev Calamur, "Are Trump's Tweets Undercutting U. S. Diplomacy?", *The Atlantic*, Oct. 3, 2017.

官所说:"如果一位外交官想要参与到政治中来(不管影响力的大小),那么对'用不用推特'这个充满争议问题的回答无疑是……用!"

与此同时,公共外交能力还体现在沟通模式的转变上。在数字化时代,传统外交的三个传统功能——代表、交流和谈判都发生了很大变化。学术界讨论非常热烈的问题就是21世纪的技术进步怎样改变了外交沟通的方式。更具体地来讲,就是数字化时代外交信号的传递方式发生了什么改变。数字化转型深刻地影响了人们的认知。我们利用数字化工具与其他人互动不止是工具主义的,同时也重塑了我们界定自我社会身份的认知背景。实际上,数字化世界的语言是完全不同的,这就要求外交机构适应这种新的沟通媒介,采取全新的沟通方式。数字化的便捷使得很多国家在危机事态下求助于新媒体工具。比如尼泊尔地震时,尼泊尔政府使用谷歌等数字化工具来寻找失踪的人,最后获得了很好的效果,尼泊尔政府也因此树立了良好的形象。在近期的研究中,牛津大学的学者专门就数字化的危机沟通构建了系统性的分析框架。[①]

公共外交能力还体现在大数据的运用上面。及时了解国内外公众对外交政策的感受、态度和反应是公共外交的基础。在数字化时代,发达的社交媒体是公众表达对外事务态度、意见和建议的最常用平台之一。采取大数据方法收集和评估网络舆情就显得十分重要。一方面,可以通过大数据分析技术获取公众对于外交政策的认可程度和较为真实的想法;另一方面,通过检测、记录网络空间的外交数据动向,可以增强对公众舆论的预警能力。这些都使得公共外交更具前瞻性、针对性和有效性。

三、新媒体时代美国公共外交的实践及启示

从历史发展角度来看,科学技术的变化往往伴随着社会、政治及经

[①] Jennifer Cassidy, "Digital Diplomatic Crisis Communication: Reconceptualising Diplomatic Signalling in an age of Real Time Governance", *DigDiploROx Working Paper No. 3*, January 2018.

济的深刻变化，也改变着外交的形态。新媒体的出现就是其中关键的一次转变。为了避免数字工具颠覆外交部门的价值观、规范和规则，从而导致局面失控，多国外交部门开始制定和实施数字实践、社交媒体的操作行为规范，既有严格监管下的线上交流，也有自由度更大的形式。瑞士联邦外交部（SFDFA）便确定了驻外使馆可使用某种社交媒体平台的十种情况，其中包括长期使用社交媒体来作为传统通讯的补充，提升信息质量以及进行数据统计。[①] 英国联邦和外交事务部（FCO）几乎不干涉甚至鼓励社交媒体的使用，但是其使用不能"背离英国政府的政策或在政治上有所偏向，（不能）坏了部门名声，泄露机密，参与非法或不正当活动，或违反公务员守则及其他形式的雇用条款"。[②]

美国更是新媒体外交的先行者和坚定的实践者。1996 年，美国公共外交咨询委员会（U.S. Advisory Commission on Public Diplomacy）发布题为《信息时代的新外交》（New Diplomacy for the Information Age）的报告，其中将"信息革命和海外公众不断增长的权力"视为"新外交的基础"。然而，当时美国国务院对于科学技术进步以及电子设备的使用并未着重关注，在 1998 年公布的"国际事务战略计划"中，仅"陈词滥调地提到了数字化时代电子技术对国际事务形式和内容的影响"。[③]

小布什政府时期，外交与数字化的结合开始加快。"9·11"事件后，国务卿鲍威尔开始推动成立数字外交工作组。[④] 之后这一工作组改名为"数字外交办公室"，隶属于国务院的知识管理官员。但是这一办公室规模相当有限，直到 2009 年其成员只有 6 个。此外，美国国务卿赖斯从 2006 年开始推动"转型外交"，让"美国外交官拥有最尖端的

[①] Swiss Federal Department of Foreign Affairs (SFDFA), *Use of Social Media in the FDFA；Strategy / Concept and Guidelines for Swiss Representations Abroad*, May 1, 2013, p.7.

[②] UK FCO, Context：Why Social Media Matters, July 17, 2015, https：//www.gov.uk/government/uploads/system/uploads/attachment_ data/file/466987/FCO_ Social_ Media_ Policy.pdf.

[③] Wilson P. Dizard, *Digital Diplomacy：U.S Foreign Policy in the Information Age*, Praeger, 2001, p.36.

[④] 美国国务院倾向于用"e-Diplomacy"而不是"digital diplomacy"，有学者将其翻译为"电子外交"。本章统一使用"数字外交"这一概念。

技术可以即时工作，推动和奖励创新"成为转型重要的组成部分。①

与赖斯相比，希拉里·克林顿更是数字外交方面的忠实拥趸。她将数字外交称为"21世纪治国术"。② 这是为了在传统外交基础之上更好地应对21世纪的网络化、科学技术发展及人口变化。希拉里非常鼓励国务院的工作人员运用脸书和推特与住在国民众沟通，推广美国的外交政策。可以说，她推动的数字外交直接改变了外交官的交流方式。③ 希拉里自己也身体力行地加强了与各国民众之间直接的交流，通过对112个国家的访问改变了很多国家对美国的印象。"作为以软实力著称的国务卿，在离任之后，世界会记住她作为第一外交官这一任期的努力。"④

希拉里的继任者克里在推动美国国务院数字文化发展上功不可没。他在国务院的博客上（DipNote）简明扼要地指出："我们每个人都看得见改变。在社交媒体上，你对一个人说话，一千人可以听得见。所以，如果不能使用复杂的科技手段推进外交目标，在人和人之间搭建桥梁，让各国民众在家中就可以交流，就不会再被认为是有效的外交手段了。把它称作'数字化外交'是多余的——就这个时代而言，它就是外交本身。"⑤ 克里担任国务卿期间，美国国务院开始越来越主张数据本身和数据分析技术在外交活动中的作用。2014年9月美国公共外交咨询委员会专门发布了题为《数据驱动型公共外交》的评估报告。⑥ 从"数

---

① Condoleezza Rice, "Transformational Diplomacy", January 18, 2006. https：//2001 - 2009. state. gov/secretary/rm/2006/59306. htm.

② Hillary Clinton, "Remarks on Innovation and American Leadership to the Commonwealth Club", October 15, 2010, https：//2009 - 2017. state. gov/secretary/20092013clinton/rm/2010/10/149542. htm. 希拉里卸任之后，美国国务院的这一倡议还在继续推行。参见：United States Department of State, 21st Century Statecraft, https：//2009 - 2017. state. gov/statecraft/index. htm。

③ Neil Collins and Kristina Bekenova, "Digital Diplomacy：Success at Your Fingertips", *Place Branding and Public Diplomacy*, January 19, 2018.

④ Michael Hirsh, The Clinton Legacy：How will History Judge the Soft-Power Secretary of State", *Foreign Affairs*, May/June 2013, p. 91.

⑤ Kerry, J. "Digital Diplomacy：Adapting Our Diplomatic Engagement", *DipNote*, May 6 2013. http：//2007 - 2017 - blogs. state. gov/stories/2013/05/06/digital - diplomacy - adapting - our - diplomatic - engagement. html

⑥ United States Advisory Commission on Public Diplomacy, *Data-Driven Public Diplomacy：Progress Towards Measuring the Impact of Public Diplomacy and International Broadcasting Activities*, September 16, 2014.

字外交"走向"数据外交"并不仅仅表现为两种技术变革对现代外交的简单介入,更表现为现代外交理念在新技术驱动下从传统经验模式走向数据感知模式,并最终走向两种模式的共存与相互补充。①

社交媒体是美国外交变革的重要载体。希拉里在"21世纪治国术"的演讲中就专门提到"支持国务院使用社交媒体同世界各国民众交流"。据统计,美国国务院注册了超过2000个官方的社交媒体账户,主要设在推特和脸谱上,很多驻外大使馆、领事馆和其他外交机构都设立了数字外交顾问的职务,到2018年初已有超过8900万关注者。② 这些数字工具主要用于公共外交、领事保护,特别是危机沟通。美国国务院还会不定期地由外交服务局组织培训,就相关的数字平台维护和使用进行吹风。同时,其内部还专门成立了"社交媒体枢纽"(Social Media Hub),供各国机构和驻外使领馆之间交流经验。尽管还存在不少有待改进的地方,但美国国务院对社交媒体的使用对于实现美国外交政策已经起到至关重要的作用。③

根据"数字外交评论"网站的最新排序,美国国务院、英国外交与联邦事务部、法国外交与国际发展部在国际社交媒体上非常活跃,分列2017年数字外交使用情况的前三位。特别是美国国务院,其在数字外交的排序上从2016年的第三位上升到第一位,其数字工具的使用和效果也是最为突出的。④ 这和其他国家的外交部门形成了鲜明对比,显然与他们富有创新精神的数字文化是分不开的。

综上所述,新媒体时代的公共外交能力需要有一个新的评价体系。对数字化工具的使用程度和方式直接影响着公共外交的长期效果。特别是对于驻外使领馆来说,新媒体在带来巨大机遇的同时也蕴含着新的挑

---

① 董青岭:《大数据与机器学习:复杂社会的政治分析》,时事出版社2017年版,第71页。

② Joanna Belbey, "How the State Department uses social media to help U. S. citizens traveling overseas", *Forbes*, January 6, 2018.

③ Office of Inspections, *Review of the Use of Social Media by the Department of State*, Report Number ISP – 1 – 11 – 10, February 2011.

④ Diplomacy Live, "Digital Diplomacy Review 2017", http://digital.diplomacy.live/digital – diplomacy – atlas – 2017/.

战。可以看到，近年来中国在公共外交数字化方面也取得了很大进展，加强网站建设、依托新媒体拓展网络便民服务、加大大数据的使用力度等都是外交部对于新媒体时代外交转型的有益尝试。正如外交部长王毅在2017年3月"两会"期间回答记者提问时所说的，"新媒体正在风靡世界，我们在第一时间就赶上这股潮流"，"新媒体使外交更接地气、更有人气，在外交部和社会公众之间架起了一座更为直接的互动桥梁。外交为民是中国外交不变的宗旨，下一步我们将借助新媒体，打造更多倾听民意的'顺风耳'，开设更多服务民众的'直通车'，开辟更多海外领保的'生命线'"。可以看到，尽快适应新媒体时代外交转型的要求，利用数字化建设提高公共外交能力，将是未来中国特色大国外交持续推进的重要一环。

第十七章 呈现与影响：中国驻欧盟使团的社交媒体公共外交效果初析

陆佳怡[**] 董颖慧[***] 张子晗[****]

[**本章导读**] 本章主要勾勒了中国外交部驻外机构利用国外社交媒体开展公共外交的概貌，并以利用国外社交媒体最广泛、最活跃的中国驻欧盟使团为例，挖掘其在国外主要社交媒体传递了哪些内容，同时从认知、态度与行为（线上）三个层面尝试建立社交媒体公共外交效果评估指标，初步分析中国驻欧盟使团的社交媒体公共外交效果。本章发现，中国外交部驻外机构利用国外主要社交媒体开展公共外交的积极性还有待加强。中国驻欧盟使团在国外主要社交媒体上的认知度普遍不高，其社交媒体主页使用者尚处于了解中国的阶段，并有意愿通过参与内容生产等方式增强互动。

一般而言，公共外交是指一个国际行为主体通过与他国公众互动，进而影响国际环境的活动。[①] 与主权国家之间的传统外交相比，一国的公共外交活动所针对的是他国公众，通常以教育、文化、信息交流等形

---

[*] 文章原载于《对外传播》2017年第11期。
[**] 陆佳怡，中国传媒大学新闻传播学部新闻学院讲师，新闻史论教研室主任。
[***] 董颖慧，复旦大学新闻学院硕士研究生。
[****] 张子晗，中国人民大学新闻学院硕士研究生。
[①] Cull, N. J. *Public Diplomacy: Lessons from the Past*, LA: Figueroa Press, 2009.

式与他国公众形成互动，影响他国公众对本国的认知、态度与行为，最终影响他国的对外政策。近几年，随着互联网技术及其应用的迅速发展，"互联网背景下""新媒体语境下"的公共外交研究日益增多。究其本质，公共外交所强调的与他国公众之间的互动、影响在互联网语境下获得了新的实践形式，国家政府等行为主体获得了与他国公众直接沟通与对话的新路径，丰富了公共外交实践与研究的层次。

根据笔者的文献回顾，在现有的互联网背景下的公共外交研究中，在研究对象方面，针对外国驻华使馆利用博客、微博等新媒体技术对中国公众开展公共外交的研究比较多。如钟新、陆佳怡以美国驻华使馆微博、博客为例，分析了Web 2.0技术对公共外交传受主体和传播模式的影响。[①] 赵鸿燕、何苗则重点分析了外国驻华使馆的微博外交对中国公共外交的启示。[②] 相较而言，对中国外交部驻外机构使用新媒体技术对他国公众开展公共外交的研究比较少。[③] 在研究内容方面，大部分研究主要关注国家政府等行为主体如何利用新媒体技术进行公共外交实践，[④] 以及利用新媒体技术传递了哪些公共外交信息，[⑤] 而对其效果的研究较少。

鉴于新媒体技术对公共外交实践创新的重要性，以及现有研究的不足，本章主要分析与评估中国外交部驻外机构在国外主要社交媒体上开展的公共外交活动。具体而言，第一，勾勒出中国外交部驻外机构利用国外社交媒体开展公共外交的概貌；第二，以利用国外社交媒体最广泛、最活跃的中国驻欧盟使团为例，分析其呈现内容并评估其效果。

[①] 钟新、陆佳怡："公共外交2.0：美国驻华使馆微博博客研究"，《国际新闻界》2011年第12期。

[②] 赵鸿燕、何苗："外国驻华使馆'微博外交'及其启示"，《现代国际关系》2013年第8期。

[③] 宋黎磊、卞清："新媒体时代公共外交的特征与实践——基于外交部欧洲司官方微博的案例分析"，《欧洲研究》2014年第4期。该文以中文微博为例，一般而言，中文微博所面对的主要还是国内公众而不是公共外交所面向的他国公众。

[④] 赵可金："网络外交的兴起：机制与趋势"，《世界经济与政治》2011年第5期。

[⑤] 赵鸿燕、侯玉琨："韩国对华'新公共外交'框架"，《国际新闻界》2014年第10期。

一、中国外交部驻外机构利用国外社交媒体概况

为了勾勒出中国外交部驻外机构利用国外社交媒体的概貌，笔者针对中华人民共和国外交部官方网站的"驻外机构"名录①中的166个"驻外使馆"、93个"驻外总领馆"和13个"驻外团、处"，共计272个驻外机构利用国外主要社交媒体，即推特（Twitter）、脸书（Facebook）、优兔（YouTube）、谷歌⁺（Google⁺）和照片墙（Flickr）的情况进行了调查。②

截至2017年8月1日，272个调查单位中，在国外社交媒体上开设了主页的驻外使馆仅有1家，即中国驻加拿大大使馆，驻外总领馆也仅有1家，即中国驻旧金山总领事馆。在驻外使团、处中，中国常驻联合国代表团和中国驻欧盟使团在国外社交媒体上开设了官方主页。

表17—1 在国外主要社交媒体开设主页的中国外交部驻外机构

平台	推特（Twitter）	脸书（Facebook）	优兔（YouTube）	谷歌⁺（Google⁺）	照片墙（Flickr）
开设机构	中国驻加拿大大使馆；中国常驻联合国代表团；中国驻欧盟使团	中国驻旧金山总领事馆；中国驻欧盟使团	中国驻欧盟使团	中国驻欧盟使团	中国驻欧盟使团

资料来源：笔者自行整理制作。

由此可以发现，在272个调查单位中，中国驻欧盟使团运用国外社交媒体最积极、最广泛，分别在Twitter（Mission of China@ ChinaEUMis-

---

① http://www.fmprc.gov.cn/web/zwjg_674741/zwsg_674743/yz_674745/.
② 需要说明的是，中国外交部驻外机构在国外社交媒体上开设的主页均以"官方认证"为标准。

第十七章　呈现与影响：中国驻欧盟使团的社交媒体公共外交效果初析

sion）、Facebook（Mission of China to the EU）、YouTube（Mission of China to the EU）、Google⁺（Mission of China to the EU）和 Flickr（Mission of China to the EU）上开设了官方认证的主页。

表 17—2　中国驻欧盟使团利用国外社交媒体现状

平台	推特（Twitter）	脸书（Facebook）	优兔（YouTube）	谷歌⁺（Google⁺）	照片墙（Flickr）
开设时间	2013 年 9 月	2015 年 2 月	2015 年 1 月	无资料显示①	2015 年 1 月

资料来源：笔者自行整理制作。

中国驻欧盟使团在以上五个社交媒体上开设的主页都使用了相同的徽标设计，即以中国红为底色，映衬"中欧"两个白字。中国驻欧盟使团在这些平台上发布的内容涵盖多个主题，所发布的图片和视频制作水准较为专业。

二、中国驻欧盟使团在国外社交媒体上的内容呈现

作为公共外交实践的新尝试，国外社交媒体成为中国驻欧盟使团直接向欧盟公众传递信息、达成互动的新平台。为了挖掘并分析中国驻欧盟使团通过这些新平台传递了哪些信息，笔者爬取了 2015 年 1 月 1 日至 2016 年 12 月 31 日两年间，中国驻欧盟使团在 Twitter、Facebook、YouTube 和 Flickr 上发布的所有文本、视频和图片信息，并利用线上词频统计软件（http：//www.writewords.org.uk）对 Twitter 和 Facebook 的文本信息进行了词频分析。

（一）推特：发布中国官方信息的渠道

在 Twitter 平台上，"中欧关系"（27.93%）、中国"国内新闻"

---

① 中国驻欧盟使团的 Google⁺ 主页没有发布任何内容，因此以下分析都不包含其在内。

(26.60%)、"国际新闻"（15.55%）和中国驻欧盟使团的"使团活动"（13.90%）构成了中国驻欧盟使团推送的主要话题。其中，"中欧关系"话题包括中国与欧盟、中国与欧洲各国之间在政治、经济、外交、文化、科教等领域的合作信息，还包括中国、欧盟和欧洲各国的政府部门或领导人发布的关于中欧关系的文件和讲话。

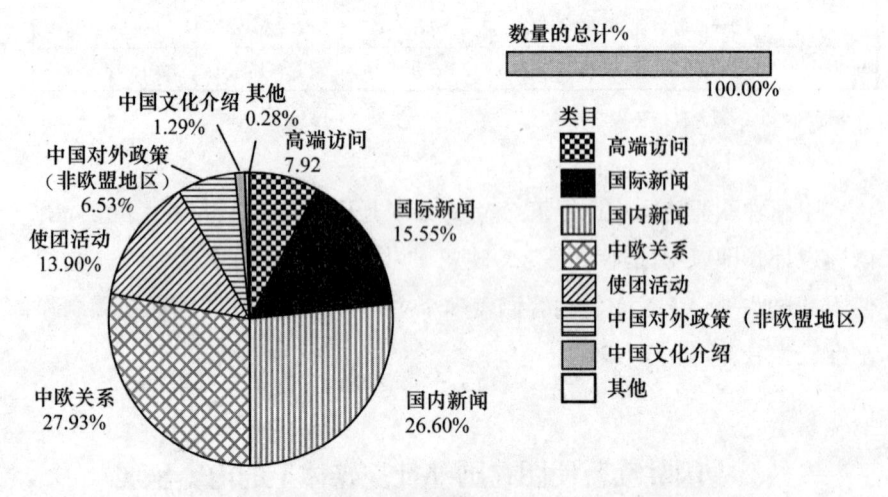

图 17—1　中国驻欧盟使团在 Twitter 上的内容呈现

资料来源：笔者自行整理制作。

在"国内新闻"中，国内的热点政治、经济与社会议题占据了核心地位，比如"十三五"规划（China's 13th Five-Year Plan）、两会（NPC & #CPPCC）、"一带一路"（Belt and Road）、环保节能（Green Energy & Environment）等议题频繁出现。值得注意的是，在2016年的推文中，针对女性的暴力（Violence Against Women）与人权（Human Rights）两个议题反复出现。一方面，这与中国国内的政策导向密不可分：2016年3月1日起，中国正式实施《中华人民共和国反家庭暴力法》，将妇女权益提升到一个新高度。2016年9月，由国务院新闻办和外交部牵头编制的《国家人权行动计划（2016—2020年）》发布，确定了2016—2020年尊重、保护和促进人权的目标与任务。另一方面，在中国和欧盟的双边关系中，人权议题一直是个敏感话题，更是欧盟对华

第十七章 呈现与影响：中国驻欧盟使团的社交媒体公共外交效果初析

战略与政策的重要内容之一。中国驻欧盟使团利用社交媒体及时、主动谈及人权并权威发布中国的人权理念和行动计划，既体现了一种开放、自信的姿态，也表明了在人权问题上与欧盟乃至世界各国进行平等交流和对话的意愿。

"国际新闻"聚焦于重要的国际会议，比如亚太经合组织领导人峰会（APEC）、世界互联网大会（World Internet Conference）、联合国气候变化大会（COP21 & COP22）、世界经济论坛（World Economic Forum）、博鳌亚洲论坛（Boao Forum Asia）和 G20 峰会（G20 Summit）。在这些国际会议召开期间，中国驻欧盟使团的 Twitter 主页持续跟进和发布会议的重要议程，特别是中国领导人讲话和中国提出的议案等内容。

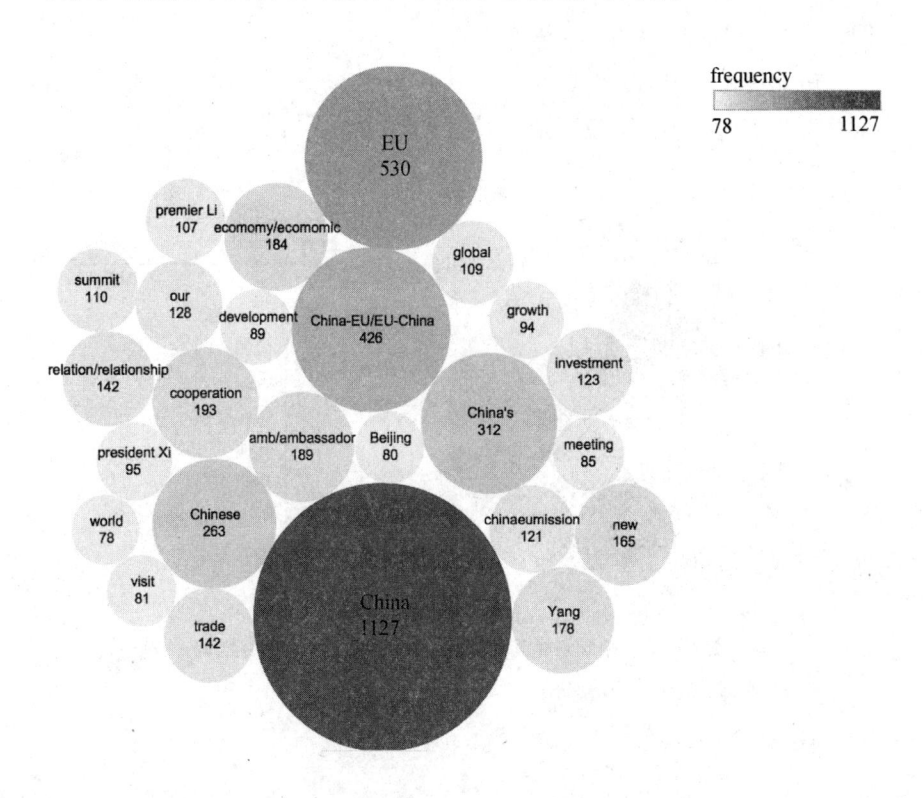

图 17—2　中国驻欧盟使团在 Twitter 上的推文词频图

资料来源：笔者自行整理制作。

根据词频分析可以发现，作为名词的"中国"（China）一词出现的频率最高，其次是"欧盟"（EU）、"欧中关系/中欧关系"（EU-China/China-EU）和作为定语的"中国的"（China's）。如果将"经济/经济的"（economy/economic）、"贸易"（trade）和"投资"（investment）等高频词汇与前面的高频词汇联系起来，可以发现，"中国的经济政策与经济发展成果""中欧经贸往来与合作"话题频繁出现在中国驻欧盟使团的 Twitter 主页上，这也证明了作为世界第二大经济体，谋求经济发展与合作是我国对外政策的重要内容，在作为传统外交补充的公共外交实践中也不例外。与此同时，"习主席"（President Xi）、"李总理"（Premier Li）和中国驻欧盟使团团长"杨燕怡"（Yang）作为外交活动的主要参与者也频繁出现在推文中。

由此可见，中国驻欧盟使团的 Twitter 主页主要充当了中国官方信息的发布渠道，承担了权威发布、告知等功能。

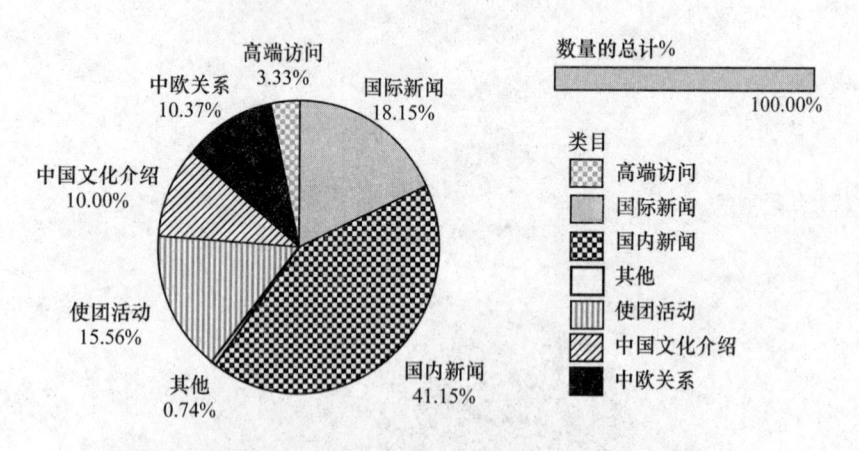

图 17—3　中国驻欧盟使团在 Facebook 上的内容呈现

资料来源：笔者自行整理制作。

（二）脸书：中国视角下的中国与世界的联系

在 Facebook 主页上，中国"国内新闻"（41.85%）、"国际新闻"（18.15%）和中国驻欧盟使团的"使团活动"（15.56%）构成了中国驻欧盟使团呈现的主要内容。与其 Twitter 主页类似,在"国内新闻"与"国际新闻"中,Facebook 主页上发布的内容紧跟国内与国际政治、经济、文化等领域的热点话题,两个平台在主题上多有重合。但是,有别于受字数限制的 Twitter 发布,Facebook 主页上发布的内容更详实,而且发布的文字也更为活泼和多样化,经常使用疑问句和感叹句引入内容主题。比如,在对使团举行的"中国时尚之夜"(China Fashion Night)活动进行推介时,写道:"错失了看 T 台的机会?那就看视频吧!"(Missed the catwalk? Watch the video!)当然,这类文字的使用与 Facebook 作为基于熟人或轻熟人关系而建立的具有更强互动性的社交网络平台直接相关。

此外,在选题上,与 Twitter 主页偏重时政话题不同,Facebook 主页更倾向于发布文化、科技、教育和娱乐方面的内容,比如中国的世界文化遗产、中国大学排名与教育事业的发展、"互联网+"新举措、科技创新成果和大熊猫保护。

从词频分析来看,作为名词的"中国"(China)出现频次最高,其次是作为形容词的"中国的"(Chinese)和作为名词的"世界"(World),而作为中国驻欧盟使团的直接目标对象"欧盟"(EU)和"欧洲的"(European),出现频次则较低。可以看出,中国驻欧盟使团的 Facebook 主页主要关注中国与世界的联系,并且是从中国视角出发,展示中国的发展成果。

(三)优兔:调动视听感官的参与式内容呈现

在视频分享网站 YouTube 主页上,有关"使团活动"(34.48%)的视频资料最多,其次为"中欧关系"(31.03%)和"中国文化"(27.59%)。其中,有关"使团活动"的视频主要来自于 2015 年中欧建交 40 周年庆祝活动期间举办的"中国精彩无限"(China Unlimited)有奖征集活动。[①] 该活动以"我眼中的中国和中欧关系"为主题,面向

---

① http://chinaunlimited.eu/.

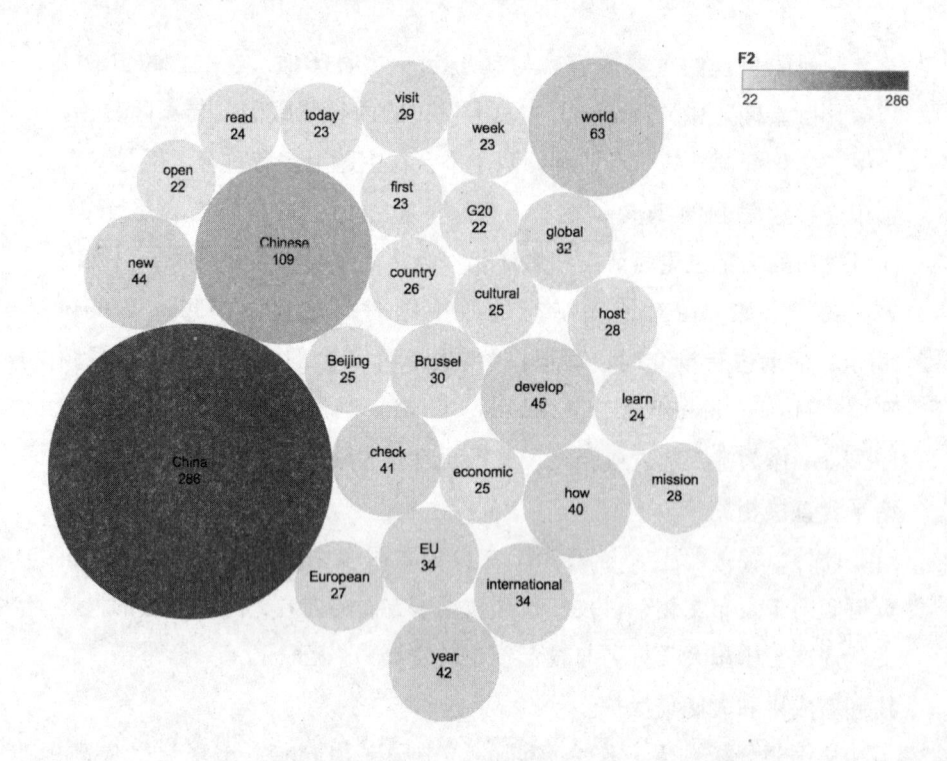

图 17—4　中国驻欧盟使团在 Facebook 上的内容词频图

资料来源：笔者自行整理制作。

欧盟所有成员国公民征集文章、照片、绘画和视频作品，所有作品都在网站上发布，全世界公众都可以以网络投票等方式参与互动。"中欧关系"主题主要包括 2015 年第五届中欧论坛（5th Europe-China Forum）、中欧高层民间对话（China-EU High level People-to-People Dialogue）等活动的视频内容，"中国文化"主题则包含了富有中国特色的电影节、歌剧演出、音乐会等视频内容。

相较于 Twitter 和 Facebook 主页上以文字为主的内容，中国驻欧盟使团的 YouTube 主页以视频为主，既可以调动公众的视听感官，又以参与内容制作等方式与欧盟公众进行互动，增强吸引力和感染力。

（四）照片墙：图片展示中欧关系

同 YouTube 主页类似，中国驻欧盟使团的 Flickr 主页内容大部分为

第十七章　呈现与影响：中国驻欧盟使团的社交媒体公共外交效果初析

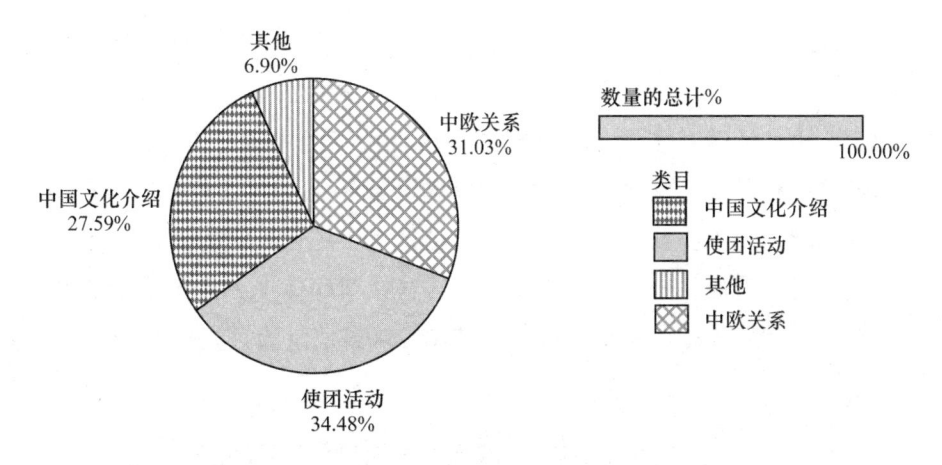

图 17—5　中国驻欧盟使团在 YouTube 上的内容呈现

资料来源：笔者自行整理制作。

"中国文化""中欧关系"与"使团活动"三个主题，其中很多图片内容与 YouTube 主页内容重合。"使团活动"展示了"中国精彩无限"系列活动、使团开放日、中欧友谊乒乓锦标赛等活动的图片；"中国文化"展现了中国传统节日春节、国庆节和端午节期间举办的一系列集会与活动的场景；"中欧关系"则展示了中欧投资与合作论坛、中欧中心论坛、中欧高级别人文交流对话机制第三次会议等的图片。

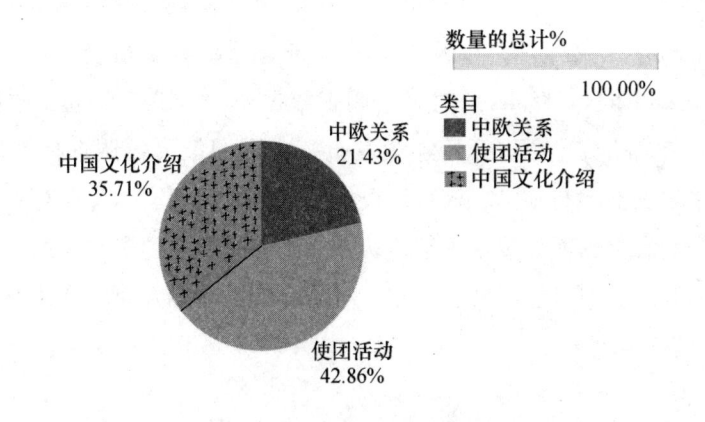

图 17—6　中国驻欧盟使团在 Flickr 上的内容呈现

资料来源：笔者自行整理制作。

▷ 161

基于对中国驻欧盟使团在四个社交媒体上内容呈现的分析可以发现，Twitter 主页更多地充当了官方信息的权威发布渠道；Facebook 主页文字更加活泼且多样化，展现了中国视角下的中国与世界的关系；YouTube 主页视听因素叠加，邀请欧盟公众参与内容生产；Flickr 主页通过图片展示中欧关系。但是，不论是文字还是视觉表达，通过词频分析可以看出，中国驻欧盟使团在这些社交媒体上主要还是立足中国视角，是有关中国政治、经济、文化等诸多信息的自我呈现。

三、认知、态度与行为：中国驻欧盟使团的社交媒体公共外交效果初析

正如前文所述，公共外交活动所面对的是他国公众，因此针对他国公众的效果评估是判断公共外交活动是否有效和是否有益于对外政策施行的关键步骤。但在现实环境下，鉴于公共外交活动所面对的是数量庞大且构成复杂的他国公众，效果评估向来是公共外交研究的难点。在以往的公共外交研究中，效果评估往往借用数据调查机构的二手数据，比如皮尤研究中心（Pew Research Center）的"全球态度与趋势"调查数据（Global Attitudes and Trends）[1]、BBC 全球调查（BBC World Service Global Poll）的数据[2]，以及美国芝加哥全球事务委员会（the Chicago Council on Global Affairs）的舆论调查数据[3]。自 2012 年起，中国外文局对外传播研究中心也开始连续发布《中国国家形象调查报告》。[4] 这些二手数据都出自知名、权威调查机构，评估的是国际公众对一国的整体认知与态度，而导致这种整体认知和态度的因素是多元化的，涵盖了一国的政治、军事、经济、文化、对外政策等诸多方面。公共外交属于

---

[1] http://www.pewglobal.org/.
[2] http://worldpublicopinion.net/sharp-drop-in-world-views-of-us-uk-global-poll/.
[3] https://www.thechicagocouncil.org/issue/public-opinion.
[4] http://www.chinacics.org/achievement/.

对外政策的一部分，是影响这种整体认知和态度的因素之一，却非唯一因素。因此，这些二手数据并不能成为准确评估公共外交活动效果的证明。

拥有现场、互动、分享等特点的社交媒体不仅赋予了国家政府等行为主体探索公共外交实践创新的平台，也为公共外交研究难点的效果评估提供了新的尝试空间。笔者依据王秀丽等归纳的社交媒体效果测量指标体系，[①] 从认知、态度与行为（线上）三个层面建立社交媒体公共外交效果评估指标，并对中国驻欧盟使团在四个国外社交媒体上开展的公共外交活动进行分析。

表17—3 社交媒体公共外交效果评估指标[②]

平台	推特（Twitter）	脸书（Facebook）	优兔（YouTube）	照片墙（Flickr）
认知	粉丝数量（followers）	粉丝数量（following）	订阅量（Subscribers）	追踪者数量（Followers）
态度	喜欢（Like）	喜欢（Like）	顶一下（I like this）/踩一下（I dislike this）	大爱（Fave）
行为（线上）	转推（Retweet）	分享（Share）	观看（Views）	检视（Views）

资料来源：笔者自行整理制作。

[①] 王秀丽、赵雯雯、袁天添：“社会化媒体效果测量与评估指标研究综述”，《国际新闻界》2017年第4期。

[②] 对于Twitter和Facebook来说，粉丝数量是针对整个账户而言的，而YouTube和Flickr账户的总浏览量是单条信息浏览量的总和。为了统一评估标准，本章将"认知"指标全部界定为针对账户而言的粉丝数量或订阅者。

表17—4 中国驻欧盟使团在国外社交媒体上的内容呈现与效果分析①

	内容呈现	认知	态度（喜欢）	行为
推特 （Twitter）	"中欧关系" "国内新闻" "国际新闻"	4484名粉丝	"国内新闻" "中欧关系" "国际新闻"	"国内新闻"（1238次转推） "中欧关系"（710次转推） "国际新闻"（589次转推）
脸书 （Facebook）	"国内新闻" "国际新闻" "使团活动" "中欧关系" "中国文化"	3112名粉丝	"国内新闻" "使团活动" "中欧关系" "国际新闻" "中国文化"	"国内新闻"（38次分享） "国际新闻"（34次分享） "中欧关系"（21次分享） "使团活动"（15次分享） "中国文化"（12次分享）
优兔 （YouTube）	"使团活动" "中欧关系" "中国文化"	78名订阅者	"使团活动"	"使团活动" （观看764次）
照片墙 （Flickr）	"中国文化" "中欧关系" "使团活动"	5名追踪者	"使团活动" "中国文化"	"使团活动" （检视316次）

资料来源：笔者自行整理制作。

在认知层面，中国驻欧盟使团的Twitter主页"Mission of China（@ChinaEUMission）"的粉丝数量最多，在开设不到4年时间内，粉丝数达4484名；其次是Facebook主页"Mission of China to the EU（@ChinaEUMission）"，粉丝数达3112名。相较而言，YouTube主页（78名）和Flickr主页（5名）的认知程度不如前面两个平台。

在态度层面，Twitter主页最受"喜欢"的主题是"国内新闻"（463次）、"中欧关系"（321次）与"国际新闻"（214次）。国内新闻中的政治、经济与社会热点话题，比如"一带一路"话题、中欧关系的双边往来、中欧峰会以及国际新闻中的G20峰会、联合国气候变化大

---

① 各个平台都以主题为统计单位，"内容呈现"按主题出现频率大小依次排列；"态度"按主题喜欢次数多少依次排列；"行为"按主题被转推、分享、观看或检视次数多少依次排列。数据统计时间段与内容呈现部分一致，即2015年1月1日至2016年12月31日。

会等成为获点赞最多的话题。

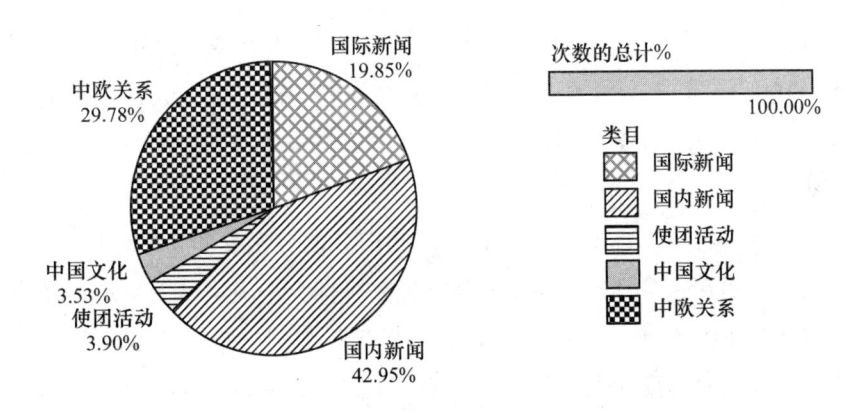

图17—7 中国驻欧盟使团 Twitter 主页各主题"喜欢"比例分布

资料来源：笔者自行整理制作。

Facebook 主页最受欢迎的主题依次是"国内新闻"（421次）、"使团活动"（289次）、"中欧关系"（190次）、"国际新闻"（184次）和"中国文化"（151次）。国内新闻中，介绍中国经济建设成果、科技进步和环保举措的内容最受追捧，而中国驻欧盟使团所开展的活动及中欧建交40周年系列官方活动也备受推崇。

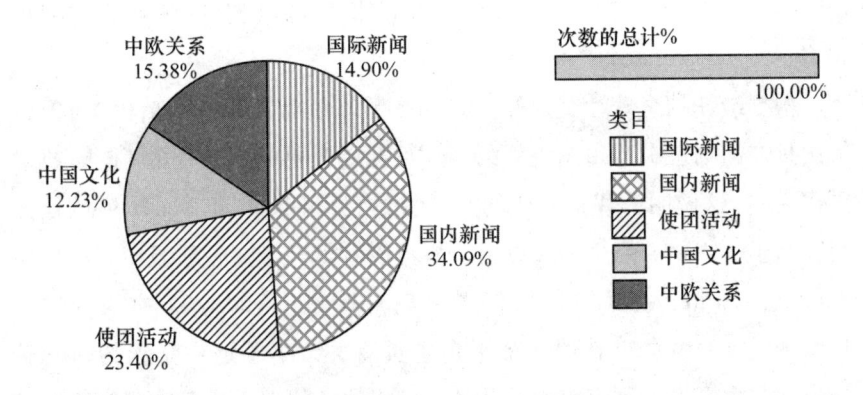

图17—8 中国驻欧盟使团 Facebook 主页各主题"喜欢"比例分布

资料来源：笔者自行整理制作。

在 YouTube 主页,"中国精彩无限"活动获胜作品展示(China Unlimited: and the winners are…) 最受欢迎(7 次"顶一下")。在 Flickr 主页,在 25 个相簿的 381 张分享照片中,获得"大爱"的照片仅有 20 张,其中 19 张来自布鲁塞尔中国新年(Chinese New Year Festival in Brussels),图片内容为布鲁塞尔街头的中国新年游行和使团举行的庆祝活动。

在行为层面,Twitter 主页上的"国内新闻"被转推 1238 次,"中欧关系"被转推 710 次,"国际新闻"被转推 589 次。可以发现,在中国驻欧盟使团 Twitter 主页上,最受"喜欢"和"转推"率最高的话题排序一致,一定程度上证明了中国驻欧盟使团 Twitter 主页的使用者的态度影响了其在线行为。

在 Facebook 主页,"国内新闻"被分享的次数最多(38 次),其次是"国际新闻"(34 次)、"中欧关系"(21 次),而颇受欢迎的"使团活动"(15 次)与"中国文化"(12 次)主题被分享的次数相对较少。

在 YouTube 主页,被观看次数最多的内容是"中国精彩无限"活动获胜作品展示(764 次),与态度层面"最受欢迎"的内容一致。在 Flickr 主页,被浏览(Views)次数最多的照片来自第二届中欧乒乓球友谊锦标赛(Second China-EU Friendship Table Tennis Tournament)相簿(316 次)。该相簿共 12 张照片,每张照片被浏览次数全部位列前 20 位。

根据最新的全球社交媒体活跃用户数据统计,Facebook 和 YouTube 依次排在前两位,Twitter 位列第十,目标受众更为小众化的 Flickr 排名更靠后。① 这说明,基于一般的效果评估,Facebook 和 YouTube 的认知程度高于 Twitter。但是,从以上分析可以看出,中国驻欧盟使团在四个平台上,Twitter 主页的认知程度最高,其次是 Facebook 主页,这与 Twitter 主页开设早于其他三个平台主页有关,早了近一年半的时间为 Twitter 主页赢得了更多粉丝。此外,值得注意的是,尽管中国驻欧盟使

---

① https://www.statista.com/statistics/272014/global-social-networks-ranked-by-number-of-users/.

团在四个平台的内容呈现各有侧重,但是从社交媒体使用者的态度和行为分析可以看出,在Twitter和Facebook主页,中国"国内新闻"最受喜爱,用户转推和分享的行为也最为活跃;在YouTube和Flickr主页,涵盖中欧之间文化、体育等诸多公共外交活动的"使团活动"最受追捧。

四、讨论与结论

20世纪60年代初,美国知名新闻人爱德华·默罗受肯迪尼政府邀约,担任冷战期间美国公共外交主要执行机构美国新闻署(USIA)署长一职。当时他曾对公共外交在对外政策实行过程中的作用讲过两句话:一是美国新闻署一定要"既出现在政策的起飞阶段,也出现在政策的紧急着陆阶段"(in on the takeoffs as well as the crash landings);二是在美国新闻署所承载的国际传播职能的链条中,"关键点是最后三英尺,这需要人际接触来完成"(the really crucial link in the international communication chain is the last three feet, which is bridged by personal contact, one person talking to another)。[①] 第一句话强调了公共外交本身是一国对外政策的重要组成部分,第二句话突出了公共外交中的国际传播职能必须纳入普通公众之间的人际传播维度,而这正是国家政府主导的传统外交所缺乏和不擅长的。公共外交实践在一定程度上连接起这"三英尺"的两端:本国政府与他国公众。

在大众媒体盛行、互联网技术尚未普及的阶段,公共外交活动通常以大众传播和人际传播两种手段叠加的方式来解决"三英尺"问题。比如,美国新闻署在冷战期间既通过官方电台播出实时新闻,又以开设海外图书馆、文化中心等形式让他国公众可以"在场"与美国新闻署工作人员交谈和互动。互联网技术的发展,尤其是具有在场、互动特性

[①] Cull, J. N. *The Cold War and the United States Information Agency: American Propaganda and Public Diplomacy, 1945–1989*, New York: Cambridge University Press, 2008.

的社交媒体的出现，在理论上消弭了公共外交实践中所面临的地理距离问题。公共外交行为主体可以通过社交媒体与他国公众直接对话与互动，从而更加便利与经济地解决"三英尺"问题。

自 2010 年以来，许多国家政府纷纷利用社交媒体开设官方主页，寻求新的公共外交实践形式。从目前的调查来看，作为我国公共外交的主要执行机构——中国外交部驻外机构利用国外主要社交媒体开展公共外交的积极性还有待加强：在统计的 272 个单位中，只有 4 家机构在 Twitter、Facebook、YouTube、Google$^+$ 或 Flickr 上开设了主页，并与他国公众直接对话和互动。

从对中国驻欧盟使团利用国外社交媒体开展公共外交的分析来看，其重点是从中国视角向外传播关于中国政治、经济、文化等诸多领域的政策与信息，而且这种内容输出主要体现为自我呈现。从对中国驻欧盟使团的 Twitter、Facebook、YouTube 和 Flickr 主页的效果分析来看，一方面，认知度还有待提升；另一方面，内容输出在一定程度上影响了社交媒体使用者的态度和在线行为，其中，他们对中国"国内新闻"最感兴趣，想要了解中国驻欧盟使团所开展的公共外交活动，并乐意参与其中。可以说，这些使用者尚处于了解中国的阶段，并希望通过参与内容生产、线下活动等方式增强互动，被广泛追捧的由欧盟民众参与的"中国精彩无限"活动就证明了这一点。

当然，基于以上初步分析也可以发现，中国驻欧盟使团在利用社交媒体开展公共外交方面仍有提高的空间。

首先，目前中国驻欧盟使团在 Twitter、Facebook、YouTube 和 Flickr 主页上的内容呈现重合度较高。事实上，这几个平台本身有着不同的定位。Twitter、YouTube 和 Flickr 主要是基于内容的信息分享网络，其中，Twitter 以文字信息为主，YouTube 和 Flickr 分别以视频和图片信息为主，而 Facebook 则是基于人际关系网络。中国驻欧盟使团在内容输出时需要考虑平台的不同定位，实现内容的差异化、层次化输出。

其次，中国驻欧盟使团尚需进一步激活社交媒体的对话与互动功能，付诸具体的新媒体实践。比如，进一步厘清其 Facebook 主页的定位与内容输出，符合平台本身构建与维系人际关系网络的特征，为提升传播效果提供基础。从目前的分析来看，中国驻欧盟使团 Facebook 主页内容与其 Twitter 主页差异性不大，尽管两者在话题上更偏重发布文化、科技、教育和娱乐内容，但主要还是立足中国国家层面的单向输出，再加上词频分析所展现的"中国与世界的联系"图景，这些都与普通公众的生活距离较远，难以形成对话与互动。以中欧关系中的敏感议题人权问题为例，中国驻欧盟使团可以发挥不同平台的协同作用：Twitter 主页实时发布中国正式实施《中华人民共和国反家庭暴力法》的消息和《国家人权行动计划（2016—2020 年）》；Facebook 主页无需重复消息与公告，而应深入具体问题，以个案形式与主页使用者一起讨论中国妇女权益提升的过程与未来之问题；YouTube 主页和 Flickr 主页可以充分利用视听元素，以公众参与内容制作、分享自制内容等形式调动公众积极性，提升影响力。

第十八章　公共外交效果评估能力建设[*]

陈雪飞[**]

[**本章导读**] 公共外交的效果评估本该成为公共外交项目开展过程中必不可少的一环，但却长期受到忽视。究其根本，主要是因为评估周期长、效果模糊又难以预期、可能面对无效指责以及学者关注度低等原因，公共外交项目的实施者对其心有抵触。这在很大程度上影响了评估方法的发展和公共外交效力的提升。我们有必要从意识上加强重视，从方法上借鉴他山之石发展自我优势，不断推进公共外交效果评估的能力建设。

美国政治学家哈罗德·拉斯韦尔所提出的构成传播过程的五种基本要素理论"5W模式"可以用于阐释公共外交的基本理论框架，即谁做公共外交、对谁做、做什么、通过哪些渠道去做以及达到什么效果。对公共外交进行效果评估尽管排列在这一模式的最后，却并非毫不重要。效果评估非常必要，但一直以来并不受重视，这也导致了人们对公共外交是否有效以及如何开展评估的诸多误解。

---

[*] 原文首发于《公共外交季刊》2018年秋季号，本文略做修订。
[**] 陈雪飞，外交学院外交学与外事管理系副教授、公共外交研究中心主任。

一、公共外交效果评估的必要性[1]

效果评估就是对公共外交活动的执行过程,特别是效果进行评估,旨在总结经验、汲取教训,对于提升公共外交效力而言非常必要。以美国为例,美国政府从20世纪70年代开始就对公共外交工作进行权威评估,最早的评估机构是斯坦顿委员会。1974年3月,乔治城大学的战略与国际问题研究中心(Center of Strategic and International Studies)主持设立了一个委员会,对美国的对外宣传和文化教育活动进行全面调查。因委员会主席由弗兰克·斯坦顿担任,故该委员会又被称为斯坦顿委员会。委员会向总统和国会提交了一份调查报告,史称"斯坦顿委员会报告"。当时国际传播和交流活动在美国国内遭遇颇多质疑,这一报告肯定了美国一系列对外活动的重要作用和继续开展相关活动的必要性,同时也指出了美国当时的公共外交活动及制度存在的问题,并给出了解决方案,包括机构调整、制度建设等,对后期美国的公共外交起到了积极的指导作用。例如,为了节约资源,彼时美国政府一度放弃了对西欧的国际广播。针对此,该报告指出,说服外国民众中的年轻一代相信美国的政策可以保证稳定和繁荣的国际秩序。里根上台以后,美国恢复了对西欧的广播,这除了是因为里根与卡特持有不同的"公共外交理念"之外,很重要的原因就是美国政府考虑到此前的做法忽视了对西欧年轻一代的影响。1977年5月,美国总审计长针对"斯坦顿委员会报告"进行了评估,并向国会提交了报告,肯定了公共外交活动的成效,并回应了相关的批评和质疑。该报告以官方文件的形式确立了"公共外交"的合法性地位和实施的必要性。从此,"公共外交"作为一个新的外交领域正式被列入政府的常规工作。同年,美国公共外交咨询委员会(United States Advisory Commission on Public Diplomacy)成立。该委员会

---

[1] 参考 Robert Banks, *A Resource Guide to Public Diplomacy Evaluation*, 2011, Figueroa Press, pp. 15 – 17。

由对外宣传咨询委员会和教育文化事务咨询委员会合并组成，每年提交年度报告，对公共外交活动进行评估并提出意见和建议。自此，公共外交咨询委员会报告成为评估美国公共外交的权威文件。[①] "9·11"事件之后，美国于2004年设立了公共外交与公共事务政策、规划和资源办公室（the Office of Policy, Planning and Resources for Public Diplomacy and Public Affairs, R/PPR），提供长期的战略规划，并纪录公共外交的测量值与有效性。R／PPR令公共外交和公共事务副部长能够更好地分配资源，并将这些资源集中用于最紧迫的国家安全目标。R／PPR设有评估和测量单位（Evaluation & Measurement Unit, EMU），专司制定绩效测量工具，并对国务院公共外交计划进行正式的独立评估。[②]

美国的经验肯定了公共外交效果评估的重要价值，那效果评估为什么有必要呢？综合来看，主要有以下几点：[③]

（一）有助于更好地分配资源

无论采取何种形式的公共外交，都需要一定物质资源的支持。上海纽约大学的助理教授雷爱华曾就影响公共外交的因素做过一个量化研究，他指出一国的财富与其公共外交的实践直接相关。[④] 对于一个国家来说，可能多个部门都会参与公共外交，很多公共外交活动是以项目的形式开展的，这就涉及到有限的资源到底应该分配给什么部门的哪些公共外交项目的问题？对公共外交项目的效果进行评估，有助于我们达到"好钢用在刀刃上"的理想效果，否则资源的分配就是盲目且无效的。

[①] 刘鸣筝："从国际传播到公共外交：冷战缓和时期美国公共外交的体系建设"，《社会科学战线》2018年第3期，第158—165页。

[②] The U. S. Advisory Commission on Public Diplomacy, Assessing U. S. Public Diplomacy-A National Model, refer to https：//www.state.gov/documents/organization/149966.pdf.

[③] Robert Banks, *A Resource Guide to Public Diplomacy Evaluation*, 2011, Figueroa Press, pp. 15 – 17.

[④] Ivan Willis Rasmussen, Towards a Theory of Public Diplomacy: A Quantitative Study of Public Diplomacy and Soft Power, refer to http：//ivanrasmussen.com/wp-content/uploads/2012/06/Towards – a – Theory – of – Public – Diplomacy – March – 2014 – Ivan – Rasmussen. pdf.

(二) 有助于合理化预算需求

与第一条密切相关的是：评估不仅让我们了解到哪些公共外交活动最有效，还能让我们较为合理地确定到底要投入多少预算。没有评估，项目设计者便可毫无依据地夸大预算，或者导致项目开展过程中预算不足。形成稳定的预算体系，可以为未来类似项目的设计者和执行者提供合理的预算范围。

(三) 有助于确定更好的实践形式

公共外交的形式多种多样，但我们不可能针对所有国家、所有受众用尽所有形式，这在一定程度上是极大的资源浪费。公共外交项目实施起来也需因地制宜，具有弹性。面对不同议题、不同国家、不同受众，哪种公共外交的形式才最有效，换句话说就是能够以尽量少的资源投入获得尽量多的效益产出？这必然离不开对各种公共外交项目的效果进行评估，通过比较以确定最佳的形式。一些研究指出，像加拿大、挪威、新加坡这类中小国家公共外交实践效果极佳，这并非因为它们的公共外交形式多样，而是因为它们都能够根据自身的比较优势确定自己最佳的实践形式。

(四) 能够理性化活动目标

美国"9·11"事件给了公共外交"复活"的机会，彼时包括美国在内的很多国家赋予了公共外交一些不切实际的预期，大量的学者投身于对公共外交的研究中，甚至一度有观点认为公共外交应该囊括外交学，而非反之。当时美国也实施了不少针对伊斯兰国家的公共外交项目，但实行了几年，包括约瑟夫·奈[1]在内的学者都指出，美国在伊斯兰世界的公共外交收效甚微。学者们对这一议题的探讨，能让公共外交

---

[1] Joseph S. Nye, Public Diplomacy and Soft Power, *The Annals of the American Academy of Political and Social Science*, Vol. 616, (Mar., 2008), pp. 94–109.

项目的设计者和执行者冷静地思考公共外交到底能达成什么目标，清楚公共外交能做什么而不能做什么，理顺外交与公共外交的关系。公共外交不是万能灵药，而且有时候投入了很多也可能几无成效，因此只有对其效果进行评估，我们才能更客观和理性地看待公共外交。

（五）促进项目实施者更好地思考公共外交是为了什么

对项目评估的强调能让设计者在项目设计之初就把达成什么目标考虑在内，从而为项目结束之后的评估工作做准备，这可以保证项目实施者依照目标选择公共外交的形式，设计公共外交的过程，而非随机地觉得哪种方式便宜就选择哪种方式，唯此才能有的放矢。

二、公共外交效果评估面临的挑战

尽管公共外交的效果评估有诸多必要性，但它却常常被忽视。项目评估专家们认为一个项目中应该将预算的8%—10%投入到评估之中，但无论是政府内的还是政府外的机构，很少能达到这个要求。美国南加州大学对美国开展交流项目的非政府组织进行过一项调查，发现只有8%的受访组织愿意投入项目资金的6%—9%到评估中；44%愿意投入1%—3%；还有44%则表示对该投入完全没有概念。这些忽视有些是无意的，也就是没有意识到评估的价值；有些则是有意的，这主要源于评估所面临的各种挑战。[1]

（一）效果评估长期而又难以预期

公共外交活动的效果通常具有一定的滞后性，并非当时举办了活动就同步产生效果，而那些历时经年的人文交流项目更是如此，时间跨度

---

[1] 参考 Robert Banks, *A Resource Guide to Public Diplomacy Evaluation*, 2011, Figueroa Press, pp. 13–14。

长、效果呈现慢，而且其效果也的确很难预期。正如人们经常提到的一句话：了解不一定总是增加认同，也有可能带来排斥。这让效果评估变成一项费时、费力、费钱，而且有可能不讨好的工作。

（二）公共外交效果的模糊性

首先，公共外交的效果最主要是针对受众的态度，态度具有很强的主观性，而且一个人某种态度的形成或转变往往受到多种因素的影响。学界通常喜欢用好感度作为公共外交效果的一个重要指标，像著名的调查公司皮尤、盖勒普以及英国的 BBC 每年都会开展全球性的国家好感度调查，为很多研究提供了数据。但问题在于，一国针对另一国形成的好感度在多大程度上是公共外交带来的效应呢？很多项目实施者可能简单地认为人家对我们好感度高，就说明我们的公共外交有效。但事实并非如此。中国学者曹玮曾经以美、德、英、法、俄、日对中国的好感度作为因变量，然后检测影响该变量的诸多因素。不同的国家会受到不同因素的影响。比如，英国受众对华好感度主要受到中英关系、突出的政治事件以及中英军费比值的影响；美国受众主要受到中美关系以及两国军费份额差的影响等。这六个国家中只有德国和俄罗斯受到当时投入的公共外交活动的影响，而且仅有对俄罗斯的影响是正面的。[①] 这种模糊性的确给公共外交的效果评估带来了巨大的挑战。

再次，很多时候评估混淆了输出（output）与效果（outcome）的差异。比如申请两万元钱，培训了四个外交官，这叫作输出，或者称之为对结果层面的评估。而培训结束之后，接受培训的人对这个培训持有一种什么样的态度，是不是增加了他们对培训方的好感度或者认可度，这叫作效果。我们现在做公共外交效果评估往往会把二者混合在一起。因为输出更可见，甚至不用费力去测量，效果则不然。前文提到评估专家们建议一个项目应该投入预算的 8%—10% 到评估之中，但很多项目实施者更愿意投入 10% 到额外的交流项目或者培训项目中，而不是投入

[①] 曹玮："中国公共外交有效吗？——基于 2005—2012 年六国民众好感度的时间序列分析"，《国际政治科学》2015 年第 3 期，第 30—67 页。

到评估之中，究其原因，概莫如是。

（三）新媒体给效果评估带来新的挑战

媒体形式日新月异，特别是社交媒体的发展给社会科学的研究带来了新的挑战。正如一位评估专家所言："你如何去测量4年前不存在，而4年后也可能不存在的东西？"同时，针对新媒体的大数据分析应用不仅提供了新的研究视角，带来了研究方法的革新，也带来了面对海量数据进行甄选和评估的困难。

（四）机构、政府喜欢成功的故事

为公共外交投入资源的政府和机构更喜欢听成功的故事，换句话说，效果评估的结果如果是积极的当然皆大欢喜，但若是消极的就会带来一连串的"副作用"。比如谁设计的项目，是否需要追责？谁审批的项目，是否思虑周全？谁实施的项目，是否认真尽责？没有任何人乐意听到自己开展的公共外交获得无效的评价。但事实正如前文分析的那样，公共外交效果是难以预期的。曹玮以"中国公共外交有效吗？"为题，分析了我国对美、德、英、法、俄、日六国的公共外交效果，结果发现，在控制了其他变量之后，我国的公共外交活动只对俄罗斯有点效果，对美、英、法、日毫无效果，对德国的效果竟然是负面的，也就是说我们越做公共外交，德国民众对我们的好感度反而越低。[1] 这样的结果，难免让公共外交活动的施行者感到尴尬，也必然会刺激以公共外交的输出替代效果的趋势。但我们必须意识到，只有对失败进行分析并汲取经验才能听到成功的故事。

（五）学者关注的有限性

正是上述挑战的存在，减少了学者们做公共外交效果研究的动力，

---

[1] 曹玮："中国公共外交有效吗？——基于2005—2012年六国民众好感度的时间序列分析"，《国际政治科学》2015年第3期，第30—67页。

也就限制了公共外交效果评估的"想象力",比如如何更有效地评估、从哪些角度评估、如何促进评估的可信性、如何从评估效果反观公共外交的过程等,更多的研究、更多的争辩才能让效果评估工作日臻完善。

三、如何对公共外交效果进行评估

尽管公共外交效果评估面临诸多挑战,但必须认识到效果评估是公共外交项目不断提升有效性的重要环节。那要如何进行评估呢?通常从评估层面来看,包括投入层面的评估,比如公共外交项目的数量、投入的预算以及对外发布信息的数量;结果层面的评估,包括参与者的数量、报道的数量等;综合投入与结果的评估以及根据公共外交的不同手段对不同类型的对象产生的效果的评估,[①]比如态度改变、好感度等的调查。综合而言,目前对公共外交效果进行的评估集中在好感度调查、媒体信息的文本分析上,也有一些针对项目参与者的访谈。但这些方法往往停留在单一的技术层面,缺乏一些更为系统的视角和制度上的安排,导致我们得到的很多数据零散而不具有可比性,由此可以借鉴公共外交的先行者——美国目前针对公共外交发展起来的评估方法。

前文提到的美国公共外交咨询委员会与 R／PPR 的评估和测量单位都曾提交过报告专门讨论公共外交的效能与评估问题。它们指出,目前美国对公共外交进行效果评估的方法主要有以下三种:

其一,公共外交影响项目(the Public Diplomacy Impact project, PDI)。PDI 启动于 2006 年,主要利用调查和焦点小组的方法,对比近 5 年参加过美国公共外交项目的国外精英和来自该地区的未参与该项目的控制组精英之间的态度差异,从而评估项目的效果。这一方法很好地解决了许多项目缺乏效果的基准数据的问题,也就是缺乏没做公共外交时受众的态度是怎样的数据,因此可以直观地呈现公共外交活动是否有

[①] 周海东:"公共外交的效果研究:以上海世博会为例",复旦大学硕士论文,2012 年 4 月,第 19 页。

效,而且提供了宝贵的质性数据。不过因为不同部门之间没有统一的标准,很难对不同部门的项目进行比较。①

其二,任务活动跟踪器(Mission Activity Tracker,MAT),这是2007年美国国务院研发的用以收集量化数据,然后使用绩效测评系统评估各项活动绩效的方法。MAT是一种在线绩效测评报告工具,能够在线收集美国对于重点外国民众所进行活动的质性和量化数据,并能生成自定义格式的记录活动绩效报表,然后按照利益相关者的要求及时做出反馈,有助于美国政府官员跟踪了解其世界范围内公共外交活动的成本和效果。不过其最大的局限是它未能描述活动本身与其预期结果之间的关系。②

其三,公共外交绩效评估模型(Public Diplomacy Model for the Assessment of Performance,PD-MAP)。PD-MAP是2009年8月美国公共外交咨询委员会委托德克萨斯大学奥斯汀分校公共事务学院开发的一种评估公共外交效能的方法。PD-MAP是一个灵活的框架,可以量化公共外交活动的各项结果,并检测其是否达到以下三大战略目标:(1)增进了对美国政策和文化的理解;(2)增加了对美国的好评;(3)提升了美国在世界上的影响力。研究人员借用一系列方法收集与目标相关的数据,依据实现目标的程度进行资源的再分配或者项目的调整。该模型最大的问题是一些相关数据太有限且难以获得。③

尽管这些方法还多有不足之处,但可以多方面的,从量化研究和质性研究两个角度帮助我们了解一项或者整体的公共外交活动是否奏效。更为重要的是,它们通常不是采用某个单一的技术方法,而是多种方法统合运用,以达致一个体系性的评估结论。每个国家都可以结合自身的特征,基于上述方法或者理念开发一些更具比较优势的方案。

---

① The U. S. Advisory Commission on Public Diplomacy, Assessing U. S. Public Diplomacy-A National Model, refer to https://www.state.gov/documents/organization/149966.pdf.

② Office of Policy, Planning and Resources for Public Diplomacy and Public Affairs (R/PPR), Evaluation & Measurement Unit (EMU), *Building Accountability and Effectiveness in Public Diplomacy*, https://2009-2017.state.gov/r/ppr/emu/index.htm.

③ The U. S. Advisory Commission on Public Diplomacy, Assessing U. S. Public Diplomacy-A National Model, refer to https://www.state.gov/documents/organization/149966.pdf.

当然，最后需要强调的一点是，最重要的不是公共外交效果评估有多么精湛的方法，而是公共外交项目的资源投入者、设计者、实施者要有统一的意识，那就是效果评估非常必要，任何一个项目在制定之初就应该囊括对效果进行评估的设计和预算，它不应该是一个项目可有可无的构成部分，也不是任何事后补救措施就可一笔带过的。另外，公共外交是一个跨学科的研究领域，期待各个相关学科的学者能从多视域的角度提供更为严谨和有效的效果评估研究成果。